성경을 만나고 마음을 나누는

온 가족 드라마 성경

글 · 노연정 그림 · 박은경

우리 가족이 성경의 주인공! 도란도란 나누는 묵상 · 적용 · 기도

저자 소개

글쓴이 **노연정**

노연정 목사는 다음세대를 믿음의 세대로 키워 내는 것이 하나님께서 주신 소명이라고 생각하며 네 명의 자녀와 거룩한 일상에서 함께 뒹구는 엄마이자, 사역자다. 가정을 작은 교회라고 여기며, 하루하루 하나님의 말씀이 가정의 중심에 세워지기를 소망한다.

명지대학교 아동학과(B.A), 백석대학교 신학대학원(M.div), 장로회신학대학원 교육대학원(MACE)에서 공부했으며, 지구촌교회를 거쳐 안양제일교회에서 다음세대 사역자로 섬기고 있다. 저서로는 남편 곽상학 목사와 공저한 『레디 액션! 드라마 가정예배』 시리즈가 있다.

그린이 **박은경**

박은경 작가는 하나님의 마음을 전하는 '복음편지'를 페이스북과 인스타그램에 연재한 것을 계기로 『일어나서 함께 가자』라는 책을 그리고 썼다.

그리고 『독도야, 우리가 지켜 줄게』, 『우리들의 화해법』, 『나의 특별한 동물 친구들』 등 어린이를 위한 책에 그림을 그리는 일러스트레이터로 활동해 왔다.

다음세대를 향한 하나님의 비전과 실버세대의 신앙의 회복을 꿈꾸는 마음으로 출판사 '성령마을'을 만들어 다음 책을 준비하고 있다.

인스타그램·페이스북 아이디 : daisyillust

추천의 글

세상에는 수많은 이야기와 사상이 가득합니다. 그것을 담아 놓은 수많은 책이 쏟아져 나와 있습니다. 그 수많은 책을 압도하는 최고의 책, 성경은 과연 모든 책 중의 압권이라고 할 수 있습니다. 성경에는 다른 책이 흉내조차 낼 수 없는 감동이 있기 때문입니다. 『온 가족 드라마 성경』은 각 가정에서 온 세대가 하나님의 감동을 누릴 수 있도록 도와주는 친절한 가이드가 될 것입니다.

강신익 대표(G&M재단 공동체성경읽기)

드라마는 '행동하다'라는 뜻을 가진 고대 그리스어입니다. 배우가 인간의 행위를 모방한다는 뜻입니다. 드라마는 다양한 서사 구조와 배우의 수행을 통해 독자와 시청자에게 재미와 감동을 줍니다. 성경을 드라마로 읽고 재미와 감동, 그리고 깨달음을 얻는다면 분명 말씀을 행동하고 실천하는 그리스도인이 될 것입니다.

곽상학 목사(다음세움선교회 대표)

2,930명의 인물이 1,551곳의 무대에서 하나의 일관된 주제를 그려 내는 인류 최고의 드라마, 그것이 바로 성경입니다. 오로지 예수 그리스도께 모든 초점이 맞추어져 있는 이 놀라운 구원의 서사를 자녀들과 함께 읽을 수만 있다면 그 부모는 최고의 사명을 완수한 것입니다. 집에 앉아 있든지 누워 있든지 이 말씀을 자녀에게 부지런히 가르치라는 모세의 목소리(신 6:7)를 생생하게 들은 부모라면 말입니다.

김관영 선교사(광야아트미니스트리 대표)

아이들이 쉽고 재미있게 하나님을 만나는 것을 비전으로 삼아 온 저로서는 이 책이 그렇게 반가울 수가 없습니다. 『온 가족 드라마 성경』을 통해 우리를 향하신 하나님의 사랑이 얼마나 버라이어티하고 드라마틱한지, 그분께서 펼치시는 66편의 드라마 쇼를 마음껏 만끽하시길 바라며 적극 추천합니다.

백종호 감독(히즈쇼 대표)

하나님의 말씀은 우리를 믿음의 세계로 이끄는 최고의 인도서입니다. 다음세대 어린이부터 온 가족이 함께 즐길 드라마 성경을 엮어 낸 수고에 감사드립니다. 이 귀한 책이 코로나19 이후의 뉴 노멀 시대를 사는 한국교회 신앙가족에게 믿음의 텃밭이 될 것입니다.

변창배 목사(CTS다음세대운동본부 본부장)

그 어느 때보다 다음세대의 신앙 교육이 중요한 때입니다. 가정에서 쉽고 재미있게 성경을 읽고 서로 나누는 귀한 시간에 『온 가족 드라마 성경』이 좋은 동반자가 될 것입니다. 분명 온 가족이 성경의 이야기로 하나 되는 귀한 시간이 될 것입니다.

성정현 실장(CGNTV 콘텐츠플랫폼 기획실)

이 책은 어린이들이 성경에 몰입할 수 있도록 설명체가 아니라 대화의 형식으로 전개된 성경 이야기책입니다. 또한 따뜻하고 생동적인 그림들은 어린이들이 성경 이야기 속으로 들어가 상상의 나래를 펴고 직접 이야기를 경험할 수 있는 통로가 됩니다. 이 책을 모든 기독교 가정의 필독서로 추천합니다.

양금희 교수(장로회신학대학교 기독교교육과)

믿음의 선조 때부터 성경은 가족이 함께 읽을 때 가장 효과적으로 전수되어 왔습니다. 저도 어머니로부터 '성경은 적어도 자기 나이 숫자만큼은 읽어야 한다'고 귀에 못이 박히도록 들어 왔습니다. 저자는 그 아름다운 전통을 현대에 가장 적합한 모양으로 그릇에 담아내었습니다. 온 가족이 한 편의 드라마 속의 주인공이 되어 성경을 읽다 보면 눈물과 감탄을 경험하며 말씀의 환상 속으로 들어가리라고 믿어 의심치 않습니다.

유임근 목사(KOSTA 국제총무)

『온 가족 드라마 성경』은 자녀와 부모가 대본을 함께 읽으면서 하나님 나라의 구원 역사를 경험하게 해 줍니다. 모든 가족을 성경 속으로 빠져들게 인도해 주는 행복한 안내서가 되리라 생각합니다.

이상준 목사(1516교회 담임)

인생은 하나님이 연출하시는 드라마입니다. 다양한 인물과 배경, 사건이 어우러지는 종합 예술입니다. 성경은 하나님이 마련하신 인류 구원 역사의 드라마 대본입니다. 온 가족이 둘러앉아 실감 나게 성경을 읽을 수 있도록 돕는『온 가족 드라마 성경』은 믿음의 가정에 주는 최고의 선물이 될 것입니다.

이재훈 목사(온누리교회 담임)

저희 가정은 매일 성경 한 장을 한 절씩 돌아가며 읽고 감사 제목을 나누며 기도했습니다. 그때마다 아쉬웠던 점이 유치원, 초등학생이 쉽게 읽고 이해할 수 있는 버전의 성경이 없다는 것이었습니다.『온 가족 드라마 성경』이 바로 저희 가정이 찾던 성경입니다. 자녀와 함께 하나님의 말씀을 생동감 있게 읽고 표현할 수 있는 시간을 통해 스토리가 아닌 사건이 되는 경험을 하게 되기를 소망합니다.

최새롬 목사(학원복음화인큐베이팅 대표)

제가 어린 시절만 해도 라디오를 많이 들었습니다. 성우들이 각각 자기 역할을 맡아 들려주는 이야기는 흥미진진하여 금방 몰입할 수 있었습니다. 성경은 우리를 사랑하셔서 구원하시는 하나님의 위대한 사랑에 관한 최고의 드라마입니다. 이 책은 박은경 작가의 밝고 재치 있는 그림과 함께 성경을 라디오 드라마처럼 멋지게 각색했습니다. 온 가족이 각자 역할을 맡아 하나님의 구원 이야기를 멋진 드라마로 만들어 보십시오. 성경이 가슴에 새겨질 것입니다.

최원준 목사(안양제일교회 담임)

와! 정말 멋집니다. 기다렸던 책이 드디어 나왔네요. 온 가족이 함께 모여 성경을 읽으며 하나님과 친밀해지는 가정은 우리 모두의 꿈일 것입니다. 믿음의 가정을 꿈꾸며 가족 정원을 가꾸시는 분들께『온 가족 드라마 성경』을 추천합니다. 이 책이 닿는 곳마다 믿음의 가정이 쑥쑥 세워질 것입니다.

한은경 대표(두란노 어머니학교)

말씀은 우리를 살립니다. 그 말씀을 자녀들과 함께 나누는 것은 가정의 특별한 축복입니다.『온 가족 드라마 성경』은 함께 나누기에 가장 좋은 방법으로 구성되었습니다. 오랫동안 묵상하며 마음으로 준비한 저자들을 통해 이 책이 여러분에게 찾아감을 기뻐하며 마음을 다해 추천합니다.

홍민기 목사(라이트하우스무브먼트 대표)

차례

• 구약 •

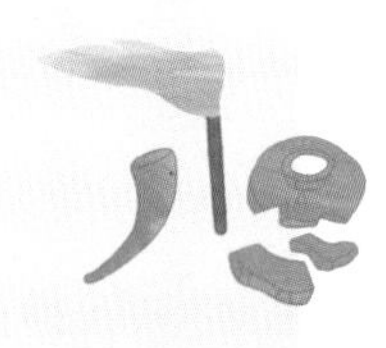

• 신약 •

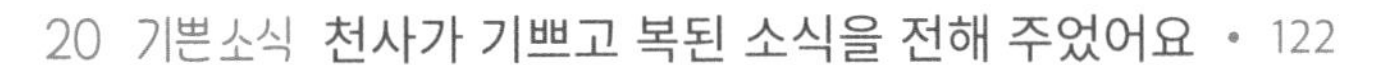

서문

믿음은 들음에서 나며 들음은 그리스도의 말씀으로 말미암았느니라(롬 10:17)

성경 말씀은 하나님께서 우리에게 주신 소중한 선물입니다. 말씀을 읽고 들을 때 믿음이 생기고, 그 믿음으로 구원에 이르기 때문입니다.

구원에 이르게 하는 성경이 우리 아이들에게는 어떤 책일까요? 이 위대한 이야기가 입으로 읽혀야 하고 귀로 들려야 하지만 쉽지 않습니다. 그래서 고민하고 준비했습니다. 방대한 성경의 이야기를 서른다섯 가지로 정리하여 아이들의 눈높이에 맞게 구성하였습니다.

즐거운 책 읽기를 위한 가장 효과적인 방법은 '공동체와 함께하는 대본 읽기'입니다. 자신이 맡은 배역의 특징을 살리면서 실감 나게 읽을 때 성경의 이야기에 어느새 몰입하게 됩니다. 또한 비언어적인 표현과 함께 생동감 있게 읽을 때 성경의 내용을 보다 풍성하게 경험하게 될 것입니다. 그런 의미에서 『온 가족 드라마 성경』은 가족 공동체가 함께 대본으로 읽을 수 있는 즐거운 이야기책입니다.

『온 가족 드라마 성경』에는 각각의 이야기마다 묵상 POINT, 적용 질문, 기도문이 있습니다. 말씀 안에서 중요한 메시지를 찾고, 내 삶에 적용하며 기도로 마무리하는 방식으로 진행하시면 됩니다. 묵상과 적용은 간단하게 부모님이 먼저 하시고 자녀에게 안내해 주시면 됩니다. 이렇게 꾸준히 성경 읽기가 지속될 수 있다면, 그 가정은 신앙 전수의 장으로서 손색이 없는 귀한 터전이 될 것입니다.

『온 가족 드라마 성경』을 읽는 가정마다 새로운 드라마를 연출하시는 하나님을 뜨겁게 만나시기를 소망합니다.

노연정

어릴 때 저는 교회를 다녔지만 하나님을 만나지 못하고, 하나님을 아는 지식 안에서 자라지 못했습니다. 성경은 딱딱한 글로 가득해 보였고, 가끔 줄거리가 있는 이야기만 기억에 남아 있었습니다.

결혼하고 자녀들을 낳고는 아이들에게 신앙을 전수하고자 할 수 있는 한 최선을 다해 봤습니다. 카세트 테이프로 시편과 잠언을 잠자기 전에 들려주고, 큐티책을 가지고 가정예배를 드렸습니다. 그것이 할 수 있는 전부였습니다.

만약 대본처럼 함께 읽을 수 있는 드라마 성경이 그때도 있었더라면 우리 가족의 모습은 달라지지 않았을까요? 재미있게 성경을 나누고 마음을 나누며, 하나님 안에서 더 깊은 사랑의 교제가 이루어졌을 것입니다.

목사님과 함께 작업할 수 있어서 감사한 시간이었습니다.
부디 이 책을 읽은 모든 하나님의 가족들이 살아 있는 말씀이신 예수님을 만나고, 평생 믿음에서 떠나지 않을 뿐 아니라 이렇게 고백하는 삶을 살 수 있으면 좋겠습니다.

오직 나와 내 집은 여호와를 섬기겠노라(수 24:15)

그렇게 신앙이 전수되어, 우리나라가 하나님의 선교를 위해 쓰임받는 귀한 자리를 잃지 않기를 소망합니다.

박은경

성경을 만나고 마음을 나누는

온 가족 드라마 성경

• Old Testament •

구약

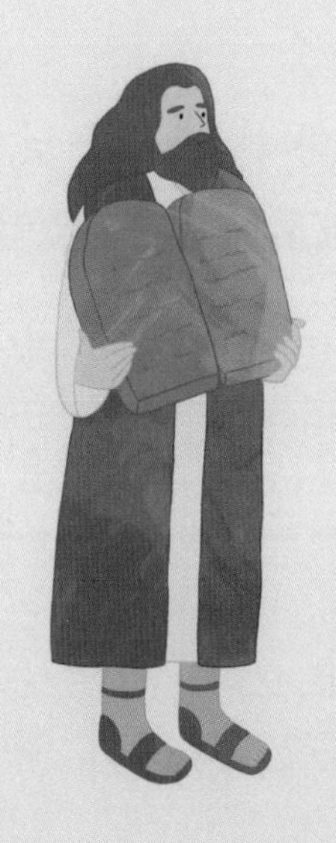

01

• 천지창조 •

하나님이 세상을 아름답게 만드셨어요

본문 창세기 1~3장
등장인물 해설자, 하나님, 아담, 하와, 뱀

해설자 **태초에 온 세상이 캄캄하고 아무것도 없이 텅 비어 있을 때, 하나님이 말씀하셨어요.**

하나님 빛이 생겨라!

해설자 **그러자 빛이 생겨났어요. 하나님은 빛을 낮, 어두움을 밤이라고 부르셨어요. 하나님이 보시기에 좋았어요. 둘째 날이 되었어요.**

하나님 물 한가운데 둥근 공간이 생겨 물이 둘로 나뉘어라.

해설자 **그러자 그대로 되었고, 하나님은 그 공간을 하늘이라고 부르셨어요. 셋째 날이 되었어요.**

하나님 하늘 아래의 물은 한곳으로 모이고 땅은 드러나라. 땅에는 풀과 씨 맺는 식물과 열매 맺는 나무가 그 종류대로 생겨나라.

해설자 **하나님은 물을 바다, 땅을 육지라고 부르셨고, 보시기에 좋았어요. 넷째 날이 되었어요.**

하나님 하늘에 큰 빛들이 생겨나서 낮과 밤, 날짜와 시간을 구별하여라. 그 빛들은 땅을 비추어라.

해설자 **하나님은 해와 달과 별들을 만드시고, 보시기에 좋았어요. 다섯째 날이 되었어요.**

하나님 물에는 생물들이 가득하고, 하늘에는 새들이 그 종류대로 날아다녀라.

해설자 **그러자 그대로 되었고, 하나님이 보시기에 좋았어요. 그리고 여섯째 날이 되었어요.**

하나님 가축과 기어다니는 것과 들짐승이 그 종류대로 생겨나라. 그리고 우리가 우리의 형상대로 사람을 만들자. 사람이 물고기와 새와 땅에 기어다니는 모든 생물을 다스리게 하자.

해설자 **하나님이 흙으로 사람을 만드시고, 그 코에 생명의 숨을 후~ 불어 넣으시니 살아 움직이기 시작했어요. 하나님은 아름다운 에덴동산을 만드시고 사람을 두어서 다스리게 하셨어요. 그 사람의 이름을 아담이라고 하셨어요.**

하나님 아담아, 너는 동산에 있는 모든 나무의 열매를 마음대로 먹어라. 하지만 동산 한가운데에 있는 선악을 알게 하는 나무의 열매는 먹지 말아라. 그것을 먹으면 반드시 죽을 것이다.

해설자 **사람이 혼자 있는 것이 하나님이 보시기에 좋지 않았어요.**

하나님 내가 너를 도울 짝을 만들어 줄 것이다.

해설자 **하나님은 남자를 깊이 잠들게 하신 후에 남자의 갈비뼈 하나를 떼고 살을 채우셔서 여자를 만드셨어요. 아담은 여자를 보고 기뻐하며 말했어요.**

아담 내 뼈 중의 뼈요, 내 살 중의 살이구나.

해설자 **그렇게 아담과 하와는 부부가 되었어요. 두 사람은 벌거벗었지만 부끄러워하지 않았어요. 하나님은 이들에게 복을 주셨어요.**

하나님 자녀를 많이 낳아서 땅에 가득하라. 땅을 다스리고 모든 생물을 다스려라. 내가 땅의 모든 식물과 나무를 너희에게 주겠다.

해설자 **하나님이 보시기에 좋았어요. 일곱째 날에는 쉬시며 복을 주시고 그날을 거룩하게 하셨어요. 그런데 어느 날, 교활한 뱀이 하와를 찾아와서 말했어요.**

뱀 하나님이 동산에 있는 모든 나무의 열매를 먹지 말라고 하셨어?

하와 동산에 있는 나무 열매는 먹을 수 있어. 하지만 동산 한가운데 있는 나무의 열매는 만지지도 말라고 하셨어. 그것을 먹으면 죽을 거라고 하시던데?

뱀 아니야. 너희는 죽지 않아. 하나님은 너희가 그 열매를 먹고 눈이 밝아져서 선악을 아는 하나님처럼 될까 봐 그러신 거야.

해설자 **뱀의 이야기를 들은 하와는 열매를 쳐다보았어요. 갑자기 열매가 정말 맛있게 보였어요. 그리고 뱀의 말대로 먹으면 지혜로워질 것 같았어요. 결국 하와는 열매를 따서 먹어 버렸어요.**

하와 오~ 정말 맛있는데? 아담! 이 열매 좀 먹어 봐. 맛이 기가 막혀!

아담 그래? 나도 한번 먹어 볼까? 와~ 정말 맛있네!

하와 어? 그런데 갑자기 벌거벗은 내 모습이 왜 이렇게 창피하지? 무화과 나뭇잎으로 가려야겠어.

아담 왜 이러지? 나도 창피해. 나뭇잎으로 얼른 가리자.

해설자 **그때, 동산을 거니시는 하나님의 소리가 들렸어요. 아담과 하와는 하나님을 피해서 동산 나무 사이에 숨었어요.**

하나님 아담아! 어디에 있느냐?

아담 제가 벌거벗은 것이 두려워서 숨었어요.

하나님 네가 벌거벗었다고 누가 말해 주었느냐? 내가 먹지 말라고 한 나무의 열매를 먹었느냐?

아담 하나님이 보내 주신 하와가 그 나무의 열매를 주길래 제가 먹었어요.

하나님 하와야! 왜 이런 일을 저질렀느냐?

하와 저는 먹을 생각이 없었는데, 뱀이 저를 속여서 먹었어요.

하나님 뱀아! 너는 저주를 받아 배로 기어다니며 평생 흙먼지를 먹으며 살게 될 것이다. 또 네 자손과 여자의 자손이 원수가 되어, 여자의 자손은 네 머리를 상하게 하고 너는 그의 발뒤꿈치를 상하게 할 것이다.

해설자 **하나님은 아담과 하와가 말씀에 순종하지 않고 죄를 지어서 슬퍼하셨어요.**

하나님 하와야, 너는 고통 중에 아기를 낳을 것이고, 남편이 너를 다스릴 것이다. 아담아, 너는 일평생 수고해야 땅에서 나는 것을 먹을 수 있을 것이다.

해설자 **하나님은 동물 가죽으로 옷을 만들어 아담과 하와를 입히시고, 그들을 에덴동산에서 쫓아내셨어요. 그리고 천사들을 보내시어 동산에 있는 생명나무를 지키게 하셨어요.**

• 묵상 POINT •

하나님은 온 세상을 만드시고, 지금도 다스리시며 돌보고 계세요.

우리는 하나님과 교제하기 위해 그분의 형상대로 만들어진 소중한 존재예요.
죄는 하나님과 우리 사이를 갈라놓고 멀어지게 해요.

• 적용 질문 •

미운 마음과 나쁜 생각이 들 때 어떻게 해야 할까요?

• 기도 •

온 세상을 만드신 하나님,
부모님을 통해 저를 이 세상에 보내 주셔서 감사해요.
내 생각이 아니라 하나님의 뜻대로 살게 해 주세요.
죄를 짓지 않도록 제 마음을 지켜 주세요.
예수님의 이름으로 기도드립니다. 아멘.

• 노아 •

홍수 심판에서 구원을 받았어요

본문 창세기 6~9장
등장인물 해설자, 하나님, 노아

해설자 **아담과 하와는 에덴동산을 떠나 자녀들을 낳았어요. 이후 몇백 년이 흘러, 세상에는 사람이 아주 많아졌어요.**
하지만 사람들은 하나님을 알지 못하고 온갖 죄를 지으며 살아갔어요. 하나님은 사람들을 보시며 한탄하고 마음 아파하셨어요.
하나님은 그 시대에 의롭고 흠이 없이 살던 한 사람, 노아에게 말씀하셨어요.

하나님 노아야, 온 세상이 폭력과 죄로 가득하구나. 이제 내가 홍수를 일으켜 이 세상을 멸망시킬 것이다. 너는 네 아내와 세 명의 아들, 세 명의 며느리, 그리고 동물들이 들어갈 아주 큰 방주를 만들어라.

노아 네. 하나님 말씀대로 순종하겠어요.

하나님 너는 잣나무로 방주를 만들어라. 그 안에 여러 방을 만들고, 안과 밖에 역청을 발라라. 길이는 155미터, 넓이는 26미터, 높이는 16미터로 만들어라. 동서남북으로 창문을 만들고, 방주 옆에는 문을 만들어라. 방주 안은 3층으로 만들어라.

해설자 **하나님은 방주의 크기와 만드는 방법을 자세하게 말씀해 주셨어요. 방주는 매우 높고 길었어요. 노아는 오랜 세월 동안 하나님이 말씀하신 그대로 거대한 방주를 만들었어요.**

하나님 네 모든 가족과 함께 방주로 들어가라. 그리고 모든 들짐승과 가축을 그 종류대로, 땅 위에 기는 생물과 날개 달린 새를 그 종류대로 암수 한 쌍씩 방주에 태워라. 그리고 먹을 수 있는 모든 곡식을 방주 안에 쌓아 두어라.

해설자 **모두 방주에 들어가자 하나님께서 배의 문을 닫으셨어요. 7일 후 하나님의 말씀대로 후드득후드득 비가 쏟아지기 시작했어요. 이 비는 40일 동안 땅에 쏟아졌고, 온 세상이 물에 잠기게 되었어요. 땅의 모든 생물이 다 죽었지만, 방주 안에 있던 노아의 가족과 동물들은 살아남았어요.**

노아 하나님께서 우리 여덟 식구를 홍수로부터 구원해 주셨구나. 하나님, 감사합니다!

해설자 **비가 그친 후 하나님은 큰바람을 보내셔서 물이 점점 줄어들게 하셨어요. 150일 후에는 물이 많이 빠졌고, 방주는 아라랏산에 멈춰 섰어요. 몇 개월이 지난 후 노아는 땅에 물이 빠졌는지 알아보기 위해 까마귀를 내보냈어요.**

노아 까마귀야, 밖으로 날아가거라.

해설자 **까마귀는 땅에서 물이 마를 때까지 이리저리 날아다녔어요.**

노아 이번에는 비둘기를 내보내야겠다. 비둘기야, 밖으로 날아가거라.

해설자 **비둘기는 앉을 곳을 찾지 못해 방주로 돌아왔어요. 노아는 7일 후에 비둘기를 다시 밖으로 내보냈고, 마침내 비둘기는 올리브 나뭇잎을 물고 돌아왔어요.**

노아 어? 올리브 잎이네. 드디어 물이 땅에서 빠졌구나.

해설자 **노아는 7일 후에 비둘기를 다시 내보냈고, 비둘기는 방주로 돌아오지 않았어요. 비둘기가 살 만한 마른 땅이 있었던 거예요. 하나님께서 말씀하셨어요.**

하나님 너는 네 가족과 함께 모든 생명을 데리고 나와라. 이 생명들이 번식하여 땅 위에서 가득해질 것이다.

해설자 **방주에서 나온 노아와 가족들은 마른 땅을 밟고 정말 기뻐했어요.**

노아 얘들아! 모두 모여 하나님께 제단을 쌓고 예배를 드리자. 하나님, 저희를 구원해 주셔서 정말 감사합니다.

하나님 노아야! 이제 자녀를 많이 낳아 땅에 가득하여라. 살아 있는 모든 생물과 푸른 채소들이 다 너희의 양식이 될 것이다.

노아 하나님! 저희를 죽음에서 구원해 주시고 복을 풍성하게 주시니 감사합니다.

하나님 내가 다시는 모든 생명을 멸망시키지 않을 것을 약속한다.

해설자 **그때 높은 하늘에 알록달록 무지개가 나타났어요.**

하나님 이 무지개는 약속의 표시다. 무지개가 구름 속에 나타나면 내가 한 약속을 기억하여라.

해설자 **그후 노아의 아들인 셈과 함과 야벳의 자손이 태어났어요. 온 땅에 사람이 다시 많아졌어요.**

• 묵상 POINT •

하나님은 불순종과 악한 죄를 짓는 사람을 반드시 심판하세요.

하나님은 의롭게 사는 사람을 지켜 주시고 구해 주세요.
하나님은 우리가 진심으로 예배할 때 가장 기뻐하세요.

• 적용 질문 •

하나님께 예배할 때 어떤 마음과 모습을 가져야 할까요?

• 기도 •

거룩하신 하나님,
저를 구원해 주시고 새 생명을 주셔서 감사해요.
매일 하나님 말씀에 순종하며 살게 해 주세요.
악한 죄가 제 마음속에 틈타지 못하도록 도와주세요.
예수님의 이름으로 기도드립니다. 아멘.

• 아브라함 •

하나님의 약속을 믿고 순종했어요

본문 창세기 12~24장

등장인물 해설자, 세 사람(하나님), 아브람(아브라함), 사라, 하인, 리브가

해설자 **하나님이 하란에 사는 아브람에게 말씀하셨어요.**

하나님 아브람아! 네 고향을 떠나 내가 알려 주는 땅으로 가거라. 내가 너에게 큰 민족을 만들어 주고, 모든 민족이 너를 통하여 복을 받게 할 것이다.

해설자 **당시 아브람과 아내 사래는 나이가 많았지만 아이가 없었어요. 아브람은 자손을 주신다는 하나님의 약속을 믿고, 가족들과 조카 롯, 여러 가축을 데리고 정든 고향을 떠났어요.**

마침내 아브람과 가족들은 좋은 땅에 도착했어요. 그런데 다 같이 살기에는 땅이 좁아서 아브람과 롯의 목자들끼리 자주 다투었어요. 그래서 아브람은 조카 롯에게 말했어요.

아브람 롯, 각자 가족을 데리고 떨어져 사는 게 좋겠구나. 네가 왼쪽으로 가면 나는 오른쪽으로 가고, 네가 오른쪽으로 가면 나는 왼쪽으로 갈 거란다. 너는 어느 쪽으로 가고 싶으냐?

해설자 **롯은 물이 넉넉하여 하나님의 동산같이 보이는 동쪽을 선택했어요. 그리고 아브람은 가나안 땅으로 갔어요. 하나님이 아브람에게 말씀하셨어요.**

하나님 네 눈을 들어 동서남북을 둘러보아라. 네 눈에 보이는 모든 땅을 내가 너와 네 자손에게 줄 것이다. 네 자손이 땅의 먼지와 같이 셀 수 없이 많아질 것이다.

아브람 새 땅을 주신 하나님, 감사합니다.

해설자 **아브람은 하나님을 위해 제단을 쌓고 예배를 드렸어요. 하나님은 아브람의 이름을 '아브라함'으로, 사래의 이름을 '사라'로 바꾸어 주셨어요.**

그러던 어느 무더운 날, 아브라함이 장막 문밖에 앉아 있는데 세 사람이 다가왔어요. 아브라함은 달려 나와 손님들을 반갑게 맞이했어요.

아브라함 제가 물을 가져올 테니 발을 씻고 나무 아래서 쉬고 계세요. 음식도 가져오겠습니다.

세 사람 좋소. 당신 말대로 하겠소.

해설자 **아브라함은 장막으로 달려가 요리를 해서 이들에게 빵과 고기, 우유를 대접했어요. 손님들은 하나님과 천사들이었어요.**

세 사람 당신의 아내 사라는 어디에 있소?

아브라함 장막 안에 있습니다.

세 사람 내년 이맘때에 내가 다시 찾아올 것이오. 그때에는 사라에게 아들이 생길 것이오.

해설자 **사라는 장막 안에서 이 말을 엿듣고 속으로 웃으며 중얼거렸어요.**

사라 나같이 늙은 사람이 어떻게 아기를 낳을 수가 있어? 호호.

해설자 1년 후 사라는 하나님의 약속대로 아들을 낳고, 이름을 이삭이라고 지었어요. 하나님은 아브라함이 하는 일마다 복을 주셨어요.

이삭은 자라서 씩씩한 청년이 되었어요. 아브라함은 믿음직한 하인을 불러서 말했어요.

아브라함 내 고향 하란으로 가서 이삭의 아내가 될 여인을 찾아오너라.

해설자 **하인은 아내가 될 여인에게 줄 선물을 챙겨 낙타와 먼 길을 떠났어요. 하란에 도착한 하인은 쉬어 가기 위해 우물가에 멈춰 섰어요. 먼 길을 걸어왔기 때문에 낙타도 목이 마르고 지쳐 있었어요. 하인은 그곳에서 하나님께 기도했어요.**

하인 하나님, 이삭의 신붓감을 찾을 수 있도록 도와주세요. 제가 물을 달라고 했을 때, 저와 낙타에게 물을 주는 여인을 만나면 그녀를 신붓감으로 알겠습니다.

해설자 **그때 리브가라는 아름다운 여인이 물을 길으러 왔어요.**

하인 저에게 물을 좀 줄 수 있습니까?

리브가 네, 목마르실 텐데 얼른 드세요. 낙타에게도 제가 물을 줄게요.

해설자 **하인은 기도했던 대로 이삭의 신붓감을 만났어요. 하인은 리브가의 집으로 가서 이삭의 아내가 되어 줄 수 있냐고 물었어요.**

리브가 네. 함께 가겠습니다.

해설자 **하인은 가지고 온 선물을 리브가의 가족에게 전하고, 리브가와 함께 아브라함의 집으로 돌아왔어요. 이삭은 리브가를 보자마자 사랑에 빠졌어요. 그리고 두 사람은 결혼했어요.**

• 묵상 POINT •

하나님은 약속을 신실하게 지키시는 분이에요.

아브라함은 하나님의 약속을 믿고, 하나님의 명령에 순종했어요.
하나님은 불가능해 보이는 일도 가능하도록 만들어 주세요.

• 적용 질문 •

하나님이 나에게 어떤 복을 주셨나요?

• 기도 •

아브라함처럼 전능하신 하나님을 굳게 믿고 순종하게 해 주세요.
우리 가족 한 사람, 한 사람이 가야 할 길을 밝히 보여 주시고 친히 인도해 주세요.
예수님의 이름으로 기도드립니다. 아멘.

· 야곱 ·

복을 사모하여 이스라엘이 되었어요

본문 창세기 25~33장

등장인물 해설자, 이삭, 리브가, 에서, 야곱, 하나님, 어떤 사람

해설자 **이삭과 리브가는 쌍둥이 형제를 낳았어요. 그런데 둘은 서로 닮지 않았어요. 형 에서는 몸에 붉은 털이 많았고, 밖에서 사냥하는 것을 좋아했어요. 반면, 동생 야곱은 피부가 부드러웠고, 집안을 돌보는 것을 좋아했어요.**

어느 날 에서가 사냥을 하고 집으로 돌아왔는데, 야곱이 붉은 죽을 끓이고 있었어요.

에서 너무 배고파. 야곱! 죽 한 그릇만 줄래?

야곱 그럼 내가 죽을 줄 테니 큰아들이 받는 특권을 나한테 줘.

에서 배고파 죽겠는데, 특권이 무슨 소용이야? 네가 가져가!

해설자 **에서는 죽 한 그릇을 받고, 큰아들의 특권을 야곱에게 팔아 버렸어요.**

어느 날, 이삭은 늙고 눈이 침침해져서 잘 안 보이게 되자, 에서를 불렀어요.

이삭 큰아들 에서야, 내가 언제 죽을지 모르겠구나. 나를 위해 사냥을 해서 맛있는 요리를 만들어 오너라. 내가 그것을 먹고, 죽기 전에 너를 마음껏 축복해 주고 싶구나.

해설자 **이삭과 에서의 대화를 엿들은 리브가는 야곱을 불렀어요.**

리브가 야곱아, 빨리 에서의 옷을 입고 손과 목에 염소 털가죽을 둘러라. 그리고 이 음식을 들고 들어가서 아버지가 주시는 축복을 받아라. 반드시 에서인 척해야 한다.

해설자 **에서의 옷을 입은 야곱은 어머니가 만든 음식을 들고 아버지 이삭에게 갔어요. 나이가 든 이삭은 눈이 잘 보이지 않았어요. 그래서 야곱을 에서인 줄 알고 축복하고 말았어요.**

야곱 아버지, 맏아들 에서예요. 저를 위해 하나님께 기도해 주세요.

이삭 그래, 이리 오너라. 하나님께서 너에게 충분한 비와 좋은 땅을 주시고 곡식과 포도주가 풍성하게 하실 것이다. 여러 민족이 너를 섬기고, 백성이 너에게 절을 할 것이다. 너를 저주하는 사람마다 저주를 받고, 너를 축복하는 사람마다 복을 받을 것이다.

해설자 **사냥에서 돌아온 에서는 축복을 빼앗긴 사실을 알고 머리끝까지 화가 났어요. 어머니 리브가는 야곱에게 말했어요.**

리브가 야곱아, 큰일 났단다. 형이 너를 죽이려고 하는구나. 에서의 화가 풀릴 때까지 외삼촌 라반의 집에 숨어 있어라.

해설자 **야곱이 외삼촌 집으로 가던 중 해가 저물었어요. 야곱은 돌을 베개 삼아 누워 잠이 들었어요. 잠든 야곱의 꿈에 사닥다리가 나타났어요. 그 사닥다리는 하늘까지 이어져 있고, 그 위에 하나님의 천사가 오르락내리락하고 있었어요.**

하나님 나는 아브라함의 하나님, 이삭의 하나님이다. 네가 누운 땅을 너와 네 자손에게 줄 것이다. 네 자손이 땅의 먼지와 같이 많아질 것이다. 너와 네 자손을 통해 모든 민족이 복을 받을 것이다. 내가 너와 함께 있을 것이며, 네가 어디로 가든지 지켜 줄 것이다.

해설자 **잠에서 깬 야곱은 말했어요.**

야곱 이곳이 하나님이 계신 집이고, 바로 천국 문이구나.

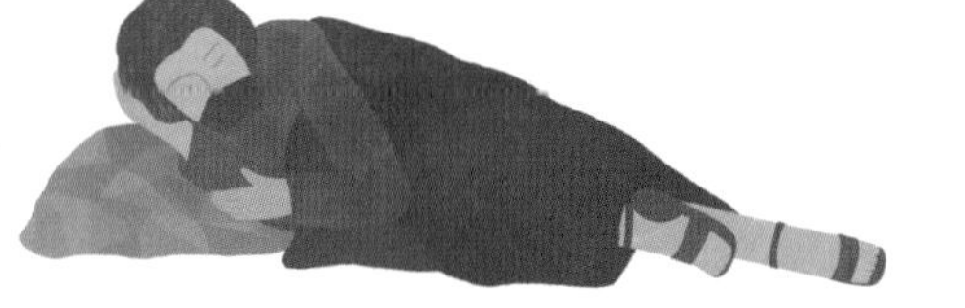

해설자 **야곱은 베고 잤던 돌로 기둥을 세우고 그 위에 기름을 부었어요. 그리고 그곳을 벧엘이라고 불렀어요. 그 후 야곱은 외삼촌 집에서 20년을 보내며 많은 가족과 가축이 생겼어요. 복을 받은 야곱은 가족을 이끌고 그리운 고향으로 출발했어요. 하지만 아직도 형 에서가 화가 나 있을 것 같아 만나기가 두려웠어요. 그래서 하나님께 기도했어요.**

야곱 아브라함의 하나님, 이삭의 하나님, 저는 하나님의 은혜와 사랑을 받을 자격이 없는 사람이에요. 그런데도 제게 은혜를 베풀어 주셔서 큰 복을 받았어요. 하나님, 제발 형 에서의 손에서 저와 가족들을 구해 주세요.

해설자 **야곱은 먼저 에서에게 많은 가축을 선물로 보내고 뒤이어 가족도 보냈어요. 그리고 혼자 남아 있었어요. 그런데 어떤 사람이 찾아와서 밤새도록 야곱과 씨름을 했어요. 날이 밝아오자 그는 야곱의 엉덩이뼈를 치고 돌아가려 했어요.**

야곱 저를 축복하지 않으시면 못 갑니다.

어떤 사람 네 이름이 무엇이냐?

야곱 야곱입니다.

어떤 사람 이제 네 이름은 야곱이 아니라 이스라엘이다. 네가 하나님과 씨름해서 이겼기 때문이다.

야곱 당신의 이름도 알려 주십시오.

어떤 사람 왜 내 이름을 물어보느냐? 내가 너를 축복하노라.

해설자 **다음 날 야곱이 눈을 들어 보니, 에서가 400명을 이끌고 오고 있는 거예요. 야곱은 두려운 마음으로 몸을 일곱 번 땅에 굽혔어요. 야곱에게 달려온 에서는 야곱을 끌어안았어요. 두 사람은 부둥켜안고 울면서 화해했어요. 야곱은 준비한 많은 선물을 에서에게 주었고, 두 사람은 사이좋게 지내게 되었어요.**

• 묵상 POINT •

하나님은 부족하고 연약한 사람을 이끄시며 복을 주세요.

야곱은 두려운 상황 속에서도 하나님이 함께하신다는 약속을 믿고 의지했어요.
하나님의 축복을 간절히 구하고 매달린 야곱은 결국 새 이름과 함께 복을 받았어요.

• 적용 질문 •

나를 두렵고 힘들게 하는 것은 무엇인가요?

• 기도 •

우리의 연약함을 아시는 하나님,
나를 힘들게 하는 문제를 만났을 때
야곱처럼 하나님께 답을 구하고 해결 받게 해 주세요.
나와 함께하시는 하나님을 믿고 평안하게 해 주세요.
예수님의 이름으로 기도드립니다. 아멘.

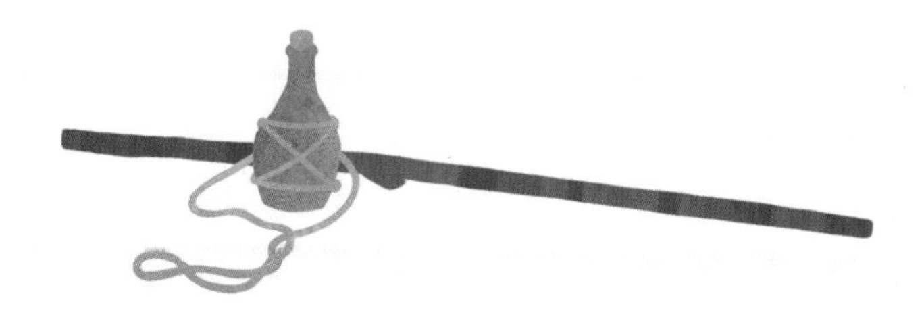

• 요셉 •

늘 함께하시는 하나님을 의지했어요

본문 창세기 37~46장
등장인물 해설자, 요셉, 야곱, 유다, 형들, 이집트 왕, 하나님

해설자 **야곱에게는 열두 명의 아들이 있었는데, 그중에 열한 번째 아들 요셉을 가장 사랑했어요. 야곱이 요셉에게만 멋진 채색옷을 입히자, 형들은 시기와 질투에 사로잡혔어요.**

형들 아버지 정말 너무하시네. 우리는 아들도 아닌가 봐. 흥! 요셉, 꼴도 보기 싫어!

요셉 형들, 제가 어제 꾼 꿈 이야기 좀 들어 보세요. 우리가 밭에서 곡식단을 묶고 있었어요. 그런데 제 단이 일어서니까, 형들의 단이 제 단을 둘러서서 절을 하는 거예요!

형들 야! 네가 우리의 왕이라도 된다는 거야? 요셉, 또 그런 얘기하면 가만두지 않을 거야!

해설자 **그 후 요셉은 또다시 꿈을 꾸었고, 형들과 아버지께 말했어요.**

요셉 제가 또 꿈을 꾸었어요. 해와 달과 열한 개의 별이 저에게 절을 했어요!

해설자 **아버지 야곱은 요셉의 꿈 얘기를 듣고 이렇게 말했어요.**

야곱 그럼 나와 네 어머니, 형들이 모두 너에게 절하게 된다는 말이냐?

해설자 형들은 요셉을 많이 미워했어요. 그러던 어느 날, 아버지 야곱은 요셉에게 형들이 양을 잘 돌보고 있는지 보고 오라고 심부름을 시켰어요. 이때다 싶었던 형들은 찾아온 요셉을 깊은 웅덩이에 던졌어요. 그때 마침 미디안 상인들이 지나가고 있었어요.

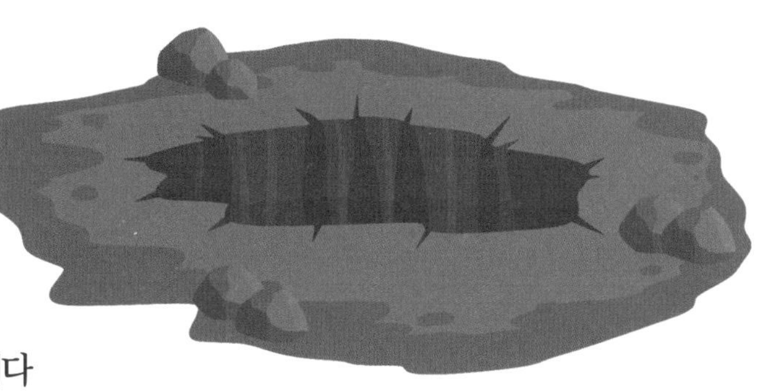

유다 얘들아! 요셉을 죽이지 말고 차라리 저 상인들에게 팔아 버리는 게 어때?

형들 그래, 좋은 생각이야. 저기요! 은 20에 이 아이를 팔겠습니다.

해설자 상인들은 요셉을 사서 이집트로 데려갔고, 형들은 아버지에게 거짓말을 했어요.

형들 아버지, 혹시 피 묻은 이 옷이 요셉의 옷인가요? 들짐승이 요셉을 죽인 것 같아요.

야곱 아니, 이게 무슨 일이냐? 사랑하는 우리 요셉이 죽다니…. 불쌍한 요셉! 나는 이제 어떻게 사나? 흑흑….

해설자 한편, 요셉은 이집트 왕궁의 경호대장 보디발 집으로 팔려 갔어요. 요셉은 누구도 원망하지 않고 하루하루 성실하게 일했어요. 하나님은 그런 요셉이 무엇을 하든 다 잘되게 해 주셨어요.

그러던 어느 날, 요셉은 하나님 앞에서 죄를 짓지 않으려고 하다가 억울한 누명을 쓰고 감옥에 갇히게 되었어요. 하나님은 감옥에서도 요셉과 함께해 주셨고, 요셉에게 꿈을 해석하는 능력을 주셨어요.

하루는 이집트 왕이 이상한 꿈을 꾸었어요.

이집트 왕 허, 참! 이상한 꿈이로구나. 아름답게 살진 암소 일곱 마리가 풀을 뜯고 있는데, 흉측하게 마른 암소 일곱 마리가 나타나서 살진 암소 일곱 마리를 잡아먹어 버렸어. 또 통통한 이삭 일곱 개가 자라고 있는데, 마른 이삭 일곱 개가 통통한 이삭 일곱 개를 삼켜 버렸어. 도대체 이게 무슨 꿈이란 말인가! 여봐라~ 이 꿈을 해석할 마술사들과 지혜자들을 불러오너라.

해설자 **많은 사람이 꿈을 해석하려고 애썼지만 아무도 해석할 수 없었어요. 그러던 중 요셉이 이집트 왕 앞에 서게 되었어요.**

요셉 하나님께서 앞으로 닥칠 일을 꿈으로 보여 주신 것입니다. 앞으로 이집트 땅에 7년 동안 큰 풍년이 있을 것이고 그 후 7년의 흉년이 있을 것입니다. 그러니 분별력과 지혜가 있는 사람을 총리로 세워 풍년 때 곡식을 모아 놓게 하십시오. 그러면 흉년에 망하지 않을 것입니다.

이집트 왕 하나님께서 너에게 이 모든 것을 알려 주셨으니, 너만큼 분별력과 지혜가 있는 사람은 없을 것이다. 지금부터 네가 이 나라의 총리가 되어 다스리도록 하여라.

해설자 **요셉은 풍년이 있는 동안 곡식을 거두어 저장했어요. 그 후 흉년이 시작되어 백성이 굶주리게 되자 곡식을 구하러 요셉에게로 몰려왔어요.**

요셉의 형들도 곡식을 사기 위해 이집트 총리인 요셉을 찾아왔고 그 앞에 절을 했어요. 요셉이 어릴 때 꾸었던 꿈대로 이루어진 거예요.

형들 총리님, 저희는 가나안 땅에서 곡식을 사기 위해 왔습니다. 지금 가뭄 때문에 먹을 것이 다 떨어졌습니다.

해설자 **요셉의 형들은 총리가 된 멋진 요셉을 알아보지 못했어요. 요셉은 형들을 알아봤지만, 모르는 척하며 자기 집으로 초대했어요.**
요셉은 형들에게 맛있는 식사를 대접한 뒤, 눈물을 닦으며 말했어요.

요셉 형님들, 저를 기억하세요? 형님들이 노예로 팔았던 요셉이에요. 흐흑…. 이버지는 살아 계신가요?

해설자 **형들은 너무 놀라서 아무 말도 할 수가 없었어요. 그리고 요셉이 자기들을 벌할까 봐 두려워했어요.**

요셉 저를 이곳에 팔았다고 걱정하거나 자책하지 마세요. 하나님이 사람들의 생명을 구하시려고 저를 이곳에 먼저 보내시고 총리로 삼으셨어요. 어서 아버지를 모시고 와서 이곳에서 함께 살아요. 여긴 먹을 것이 많아요.

해설자 **요셉의 소식을 들은 아버지 야곱은 매우 놀라며 기뻐했어요.**

야곱 내 아들 요셉이 살아 있다니! 내가 죽기 전에 요셉을 만나야겠다.

해설자 **야곱은 70명의 가족과 모든 짐을 챙겨서 이집트로 출발했어요. 하나님께서 야곱에게 말씀하셨어요.**

하나님 야곱아! 나는 네 하나님이다. 이집트로 가는 것을 두려워하지 마라. 내가 거기에서 네 자손을 큰 나라로 만들어 줄 것이다.

해설자 **드디어 야곱의 가족은 고센 땅에 도착했어요. 아버지 야곱과 요셉은 서로를 보자마자 부둥켜안고 기쁨의 눈물을 흘렸어요. 그 이후, 하나님이 말씀하신 대로 야곱의 자손은 하늘의 별과 같이 많아졌어요.**

• 묵상 POINT •

하나님은 악을 선으로 바꾸시며 약속을 이루어 주세요.

요셉은 고난 속에서도 하나님을 의지하여 축복을 받았어요.
하나님의 은혜로 요셉은 원망과 복수가 아닌, 용서와 사랑을 선택했어요.

• 적용 질문 •

요셉의 여러 가지 모습 중에서 닮고 싶은 점은 무엇인가요?

• 기도 •

우리를 사랑하시고 돌보시는 하나님,
요셉처럼 나에게 맡겨진 일을 성실하게 할 수 있도록 힘과 지혜를 주세요.
어려운 일을 당해도 함께하시는 하나님을 확실히 믿게 도와주세요.
예수님의 이름으로 기도드립니다. 아멘.

· 모세 ·

부르심에 순종했을 때 놀라운 능력을 보여 주셨어요

본문 출애굽기 2~14장
등장인물 해설자, 하나님, 모세, 누나, 이집트 왕, 이집트 공주, 이스라엘 백성

해설자 **이스라엘 사람이 점점 많아지자, 이집트 왕은 그들의 힘이 강해질까 봐 두려워했어요. 그래서 이스라엘 사람들을 노예로 부리며 괴롭히고, 이스라엘의 남자 아기가 태어나면 모두 죽이라고 명령했어요. 그때 한 부부가 아들을 3개월 동안 숨겨 키웠어요. 그러나 아이가 자라면서 더는 숨길 수 없게 되자, 부부는 아기를 강가의 갈대 사이에 놓아두었어요. 아기의 누나는 아기가 어떻게 될지 멀리서 지켜보았어요.**

누나 하나님, 제발 제 동생을 살려 주세요.

해설자 **마침 목욕하러 온 이집트 공주가 바구니에 있는 아기를 보았어요.**

이집트 공주 어머~ 불쌍해라. 이렇게 예쁜 아기가 울고 있다니. 내가 왕궁에서 키워야겠어. 물에서 건진 아기니, 이름은 모세라고 지어야지.

누나 공주님, 제가 아기에게 젖을 먹일 유모를 찾아올까요?

해설자 **누나는 어머니를 유모로 소개했어요. 덕분에 모세는 어머니의 품에서 어린 시절을 보냈어요. 이집트의 왕자였지만, 어머니 덕분에 자신이 이스라엘 사람이라고 생각하며 자랐지요.**

40살이 된 모세는 어느 날 이집트 사람이 이스라엘 사람을 괴롭히는 장면을 보게 되었어요. 모세는 화가 나서 이집트 사람을 죽이고 말았어요. 사람을 죽인 모세는 광야로 도망쳤고, 광야에서 양을 치는 목자로 세월을 보냈어요.
어느덧 80세가 된 모세는 호렙산에서 놀라운 광경을 보았어요. 불이 붙었지만 타지 않는 떨기나무를 본 거예요.

모세 아니 이럴 수가! 떨기나무에 불이 붙었는데 왜 타지 않지?

하나님 모세야, 모세야!

모세 네, 제가 여기 있습니다.

하나님 가까이 오지 마라. 네가 서 있는 곳은 거룩한 땅이니 신발을 벗어라. 나는 아브라함의 하나님, 이삭의 하나님, 야곱의 하나님이다. 이스라엘 백성의 우는 소리를 내가 들었고, 고통당하는 것을 내가 보았다. 내가 너를 이집트 왕에게 보내어 내 백성을 이집트에서 이끌어 내고, 젖과 꿀이 흐르는 땅으로 데려갈 것이다.

모세 제가 우리 백성을 이끌어 낸다는 말씀입니까? 그런데 저는 말을 잘하지 못합니다.

하나님 내가 반드시 너와 함께하며 도와줄 것이다. 그리고 너와 아론에게 해야 할 말을 가르쳐 줄 것이다.

해설자 **모세와 형 아론은 하나님의 명령대로 이집트 왕을 찾아가서 말했어요.**

모세 하나님께서 당신에게 전하라고 하셨소. 우리 민족이 이집트에서 나갈 수 있게 놓아주시오.

이집트 왕 나는 당신의 신을 모른다. 내가 왜 당신 말을 들어야 하느냐!

해설자 **이집트 왕은 모세의 말을 듣지 않았어요. 하나님은 나일강 물이 피로 변하게 하시고, 개구리와 이, 파리를 온 이집트 땅에 가득하게 하셨어요.**

그래도 왕은 이스라엘 백성을 보내지 않았어요. 그 후에도 하나님이 무서운 재앙들을 내리셨지만, 왕은 꿈쩍하지 않았어요. 결국 하나님은 열 번째 재앙을 말씀하셨어요.

모세 오늘 밤 하나님께서 온 이집트를 다니시며 처음 난 모든 것을 다 죽이실 것이오. 그러나 이스라엘 백성은 목숨을 건질 것이오.

해설자 **모세는 이스라엘 백성에게 어린 양의 피를 집 문에 바르라고 했어요. 그러면 재앙이 그 집을 넘어가기 때문이었어요. 결국, 이집트의 처음 난 모든 것이 죽고 말았어요. 큰아들을 잃은 이집트 왕은 크게 슬퍼하며 말했어요.**

이집트 왕 이스라엘 백성은 당장 떠나라. 당장!

해설자 **이스라엘 백성은 430년간 살았던 이집트를 서둘러 빠져나왔어요. 하나님께서 낮에는 구름기둥으로, 밤에는 불기둥으로 이스라엘 백성을 인도해 주셨어요. 한편, 이집트 왕은 이스라엘 백성이 떠났다는 말을 듣고 마음이 바뀌었어요. 그래서 군대를 보내어 그들을 잡아오게 했어요.**

이스라엘 백성 이집트 군대가 따라 온다! 앞에는 홍해가 있고 뒤에는 군대가 있으니, 우린 이제 다 죽었어. 모세는 왜 우리를 광야로 데리고 와서 죽게 만드는 거야!

모세 두려워하지 마시오. 하나님께서 우리를 위해 싸우실 것이오. 가만히 하나님이 베푸실 구원을 보시오. 하나님, 도와주소서!

하나님 모세야, 네 지팡이를 들고 손을 바다 위로 뻗어라!

이스라엘 백성 우와! 바닷물이 갈라진다! 바닷물로 벽이 세워졌어. 모두 빨리 건넙시다!

해설자 **모세가 하나님 말씀대로 손을 다시 뻗자, 바닷물이 다시 제자리로 돌아왔어요. 이스라엘 백성은 모두 강을 건넜지만, 이스라엘 백성을 쫓던 이집트 사람들은 바닷물에 빠져 죽고 말았어요. 이스라엘 백성은 하나님께 감사하며 찬양했어요.**

• 묵상 POINT •

하나님은 하나님의 백성을 구하시기 위해 한 사람을 부르셨어요.

모세가 하나님의 부르심에 순종했을 때 놀라운 기적이 일어났어요.
우리에게 영원한 생명과 자유를 주신 하나님의 은혜를 기억해요.

• 적용 질문 •

갈라진 홍해 사이로 걸었던 이스라엘 사람들은 어떤 생각을 했을까요?

• 기도 •

위대하신 하나님,
하나님이 우리를 부르실 때 모세처럼 순종하는 마음을 갖게 해 주세요.
하나님의 나라에 귀하게 쓰임받는 우리 가족이 되게 해 주세요.
우리를 구원해 주신 은혜를 기억하게 해 주세요.
예수님의 이름으로 기도드립니다. 아멘.

• 십계명 •

거룩한 백성으로 사는 법을 알려 주셨어요

본문 출애굽기 16~24장, 32~36장
등장인물 해설자, 이스라엘 백성, 하나님, 모세

해설자 **이스라엘 백성은 하나님이 약속하신 땅으로 가면서 광야에 장막을 치며 생활했어요. 그런데 하루하루 지나면서 가지고 나온 양식이 다 떨어지고 말았어요.**

이스라엘 백성 아~ 배고파. 이러다가 굶어 죽는 거 아니야? 차라리 이집트에서 떡과 고기를 배부르게 먹다가 죽는 게 나을 뻔했어. 왜 우리를 광야로 데리고 나와서 굶주리게 하는 거야!

해설자 **이스라엘 백성의 불평 소리를 들으신 하나님이 모세에게 말씀하셨어요.**

하나님 내가 너희를 위하여 하늘에서 비를 내리듯 양식을 내려 줄 것이니, 욕심내지 말고 날마다 그날 필요한 만큼만 가져가서 먹어라.

해설자 **그날 밤 메추라기 떼가 나타나더니 온 땅을 덮었어요.**

이스라엘 백성 와! 메추라기다! 얼마 만에 먹는 고기야? 배고파. 얼른 먹자.

해설자 **다음 날 아침, 꿀 과자와 같은 만나가 땅 위에 가득했어요. 이스라엘 백성은 매일 하나님이 주시는 양식으로 풍족하게 먹을 수 있었어요. 그런데 이번에는 마실 물이 없다고 불평하기 시작했어요.**

이스라엘 백성 아~ 목말라. 우리에게 물을 주세요! 우리를 목말라 죽게 하려고 이곳까지 데려왔나요?

모세 하나님, 사람들이 물이 없다고 원망하고 불평하고 있습니다. 어떻게 하면 좋을까요?

하나님 너는 호렙산에서 가서 지팡이로 큰 바위를 쳐라. 그러면 물이 솟아날 것이다.

해설자 **하나님의 말씀대로 하자, 놀랍게도 바위틈에서 물이 솟아났어요. 이스라엘 백성은 물을 마시며 기뻐했어요. 이렇게 하나님은 이스라엘을 먹이시고 돌보셨어요.**

이스라엘 백성은 이집트에서 나온 지 세 달이 지났을 때 시내 광야에 도착했어요. 사흘째 되던 날, 천둥 번개가 치며 시꺼먼 구름이 시내산을 덮었어요. 그리고 큰 나팔 소리가 울리자 사람들은 두려움에 떨었어요.

하나님 모세야, 산꼭대기로 올라와라.

해설자 **다른 사람들은 산 밑에서 모세와 하나님의 말씀을 기다렸어요. 하나님은 모세에게 여러 가지 율법을 알려 주시며 율법대로 살라고 명령하셨어요.**

하나님 나는 이집트에서 너희를 이끌어 낸 너의 하나님이다. 너는 나 외에 다른 신들을 너에게 두지 말고, 우상을 만들거나 섬기지도 말라. 너는 내 이름을 함부로 부르지 말고 안식일을 거룩하게 지켜라. 네 부모를 공경하고 살인과 간음과 도둑질하지 말라. 이웃에게 거짓말하지 말며 이웃의 것을 욕심내지 말라.

해설자 **하나님은 열 가지 계명을 돌판에 직접 새겨 주셨어요. 한편, 모세가 산 위에 올라간 지 40일이 지나도 내려오지 않자 백성은 불안해졌어요.**

이스라엘 백성 모세는 왜 안 내려오는 거야. 죽은 거 아니야? 더는 못 기다리겠어. 여러분! 우리를 인도할 신을 만듭시다!

해설자 **아론은 사람들이 가져온 금귀고리들을 녹여서 송아지 모양의 우상을 만들었어요.**

그리고 금송아지가 자신들을 이집트에서 인도한 신이라며 절을 했어요. 산에서 내려온 모세는 금송아지 주위를 빙빙 돌며 노래하고 춤추는 백성을 보고 크게 화가 났어요. 그래서 들고 있던 돌판을 바닥에 던져 깨뜨리고, 금송아지를 부수었어요.

모세 너희가 하나님 앞에서 큰 죄를 지었다. 내가 다시 하나님께 올라가서 너희를 위하여 용서를 구할 것이다.

해설자 하나님은 두 개의 돌판에 십계명을 다시 새겨 주셨어요. 그리고 약속대로 젖과 꿀이 흐르는 땅으로 인도해 주겠다고 말씀하셨어요.

시내산에서 내려온 모세의 얼굴은 눈이 부실 정도로 빛이 났어요. 모세는 하나님께서 하신 말씀을 백성에게 전해 주었어요.

모세 여러분, 하나님께서 우리가 예배할 수 있는 성막을 지으라고 명령하셨소. 각자 하나님께 드릴 예물을 가지고 오시오. 그것으로 성막과 성막 안에 필요한 도구를 만들 것이오. 기술과 손재주가 있는 사람은 하나님이 명령하신 일을 하시오. 제사장은 성소에서 입을 특별한 옷을 만드시오.

해설자 하나님은 모세에게 성막을 만드는 방법을 자세하게 알려 주셨어요. 이스라엘 백성은 말씀하신 그대로 성막을 만들었어요.

성막 안쪽 지성소에는 십계명 돌판과 아론의 싹 난 지팡이와 만나를 보관한 언약궤를 두었어요. 성막이 완성되자 하나님의 구름이 성막을 덮고 하나님의 영광이 가득해졌어요. 그들은 이동할 때마다 성막을 접어서 가지고 다녔어요.

구름이 움직이면 백성은 이동하고 구름이 멈추면 백성도 멈추었어요. 하나님은 그렇게 약속의 땅으로 그들을 인도해 주셨어요.

• 묵상 POINT •

하나님은 이스라엘 백성이 광야를 지나는 동안 필요한 것을 주시고 길을 인도하셨어요.

하나님은 율법과 계명을 주시며 거룩한 백성으로 사는 법을 가르쳐 주셨어요.
하나님은 백성이 성막을 통해 죄 사함을 받고 하나님과 만나기를 원하셨어요.

• 적용 질문 •

하나님을 만나려면 어떻게 해야 할까요?

• 기도 •

모든 필요를 채우시는 하나님,
우리가 광야같이 힘든 길을 걸어갈 때 불평하지 않고 하나님을 찾게 해 주세요.
하나님이 주신 계명에 순종함으로 거룩하게 해 주세요.
하나님께 예배하기를 기뻐하는 우리 가족이 되게 해 주세요.
예수님의 이름으로 기도드립니다. 아멘.

• 여호수아 •

하나님이 약속의 땅으로 인도하셨어요

본문 민수기 13~14장, 여호수아 1~6장
등장인물 해설자, 하나님, 모세, 열 명의 정탐꾼, 여호수아와 갈렙, 여호수아, 두 정탐꾼, 라합

해설자 **이스라엘 백성이 가나안 땅 근처에 도착했을 때, 하나님이 모세에게 말씀하셨어요.**

하나님 모세야, 열두 명을 뽑아서 가나안 땅을 정탐하게 하여라.

해설자 **모세는 열두 명의 정탐꾼을 뽑고 그들에게 말했어요.**

모세 너희는 가나안 땅이 어떠한지, 사람들이 힘이 센지 약한지, 숫자가 많은지 적은지, 그 땅이 비옥한지, 나무와 과일은 어떤지 살펴보고 오너라.

해설자 **정탐꾼들은 40일 동안 가나안 땅을 정탐한 후 그곳에서 난 과일들을 들고 돌아왔어요. 백성은 가나안 땅이 어떤지 궁금해하며 기대에 차 있었어요.**

열 명의 정탐꾼 가나안 땅은 정말 젖과 꿀이 철철 넘치는 땅이었습니다. 이 큰 과일들 좀 보십시오. 그러나 그곳에 사는 사람들은 키가 장대같이 크고 힘도 강해 보였습니다. 성도 으리으리합니다. 그들에 비하면 우리는 메뚜기처럼 작고 연약합니다.

해설자 **이 이야기를 들은 백성은 큰 소리로 울며 모세와 아론을 원망했어요. 차라리 다시 이집트로 돌아가는 게 좋겠다고 말하기도 하고, 새로운 지도자를 세우자고 말하기도 했어요. 그때 두 명의 정탐꾼, 여호수아와 갈렙이 외쳤어요.**

여호수아와 갈렙 여러분! 가나안 땅은 매우 아름답습니다. 하나님은 약속하신 그 땅을 분명히 우리에게 주실 것입니다. 가나안 사람들을 두려워하지 마십시오. 하나님이 우리와 함께하십니다!

해설자 **백성은 여호수아와 갈렙의 말을 믿지 못하고 계속해서 불평하며 하나님을 원망했어요. 하나님은 화가 나셔서 모세에게 말씀하셨어요.**

하나님 언제까지 나에게 불평하겠느냐? 너희는 모두 광야에서 죽을 것이다. 40년이 지난 후 여호수아와 갈렙, 그리고 자녀들만 가나안 땅에 들어가게 될 것이다.

해설자 **모세와 불평했던 백성은 광야에서 죽음을 맞이했고, 시간이 흘러 그들의 자녀들은 어른이 되었어요. 여호수아는 모세의 뒤를 이어 이스라엘의 지도자가 되었어요.**

하나님 여호수아야, 너는 이스라엘 백성을 데리고 내가 약속했던 가나안 땅으로 들어가라. 내가 결코 너를 떠나지 않을 것이다. 강하고 담대하여라. 율법책을 밤낮으로 묵상하며 지켜 행하라. 그러면 네 길이 번창할 것이다.

해설자 **이스라엘 백성은 요단강에 이르러 장막을 쳤어요. 강 건너편에는 거대한 여리고성이 있었어요. 여호수아는 정탐꾼 두 명을 여리고성에 보내며 말했어요.**

여호수아 여리고성에 몰래 들어가서 그 성이 어떠한지 살펴보고 알려 주시오.

해설자 **정탐꾼들은 여리고성에 들어가 라합이라는 여인의 집에 머물며 살펴보았어요. 이집트 군인들은 정탐꾼을 잡으러 라합의 집으로 왔어요.**
라합은 그들을 지붕에 숨겨 주며 군인들을 지혜롭게 따돌렸어요.

라합 하나님이 당신들을 어떻게 이곳까지 인도하셨는지 들었어요. 당신들의 하나님은 참 하나님이세요. 제가 당신들을 숨겨 주며 은혜를 베풀었으니, 이 땅을 정복할 때 저와 가족에게 은혜를 베풀어 주세요.

두 정탐꾼 우리가 당신을 기억하고 반드시 구해 줄 것이오. 창문 밖으로 붉은 줄을 늘어뜨려 우리가 이 집을 쉽게 찾을 수 있게 하시오.

해설자 **맡겨진 임무를 마친 정탐꾼들은 여호수아에게 보고 들은 것을 얘기했어요. 하나님은 여호수아에게 여리고성을 어떻게 정복해야 할지 자세히 알려 주셨어요.**

여호수아 제사장들은 언약궤를 메고 백성 앞에 서서 요단강을 건너시오. 당신들이 발을 물속에 디디는 순간 흐르던 물이 끊길 것이오.

해설자 **놀랍게도 하나님의 말씀대로 강물이 끊겼어요. 이스라엘 백성은 안전하게 요단강을 건널 수 있었어요.**

하나님 군인들은 맨 앞과 언약궤 뒤에 나누어 서라. 일곱 명의 제사장은 언약궤 앞에 서서 각자의 나팔을 들어라. 너희는 6일 동안 아무 소리도 내지 말고 여리고 성벽 주위를 매일 한 바퀴씩 돌아라. 일곱째 날에는 성을 일곱 번을 돌고 제사장은 나팔을 길게 불어라. 그때 백성이 큰 함성을 지르면 성벽이 와르르 무너질 것이다.

해설자 **하나님의 말씀대로 순종했더니 튼튼한 성벽이 무너져 내렸어요. 그리고 군대는 여리고성을 정복했어요. 정탐꾼들은 약속한 대로 라합과 가족을 구해 주었어요. 라합은 이스라엘 백성과 함께 살게 되었어요.**
드디어 이스라엘 백성의 긴 여행은 끝이 났어요. 하늘에서 내리던 만나도 멈추었고, 이제부터는 농사를 지어서 살게 되었어요.

• 묵상 POINT •

하나님은 오랜 시간이 걸리더라도 반드시 약속을 지키시는 분이에요.

하나님은 약속을 믿고 믿음으로 나아가는 사람을 사용하세요.
라합은 믿음을 가지기로 결단하여 구원을 받았고, 예수님의 족보에도 들어갔어요.

• 적용 질문 •

우리 가족과 친척 중에 아직 하나님을 안 믿는 사람이 있나요?

• 기도 •

믿음의 고백을 기뻐하시는 하나님,
여호수아와 갈렙처럼 하나님을 신실하게 믿게 해 주세요.
하나님께 불평하는 죄를 짓지 않도록 우리의 입술을 지켜 주세요.
우리를 통해 구원받는 가족이 생기게 해 주세요.
예수님의 이름으로 기도드립니다. 아멘.

· 기드온 ·

하나님의 방법으로 승리했어요

본문 사사기 6~8장
등장인물 해설자, 이스라엘 백성, 하나님, 기드온, 300명의 용사

해설자 **여호수아가 죽은 후 이스라엘 백성은 가나안에 흩어져 살았어요. 세월이 지나면서 그들은 하나님을 잊어버렸고, 죄를 지으며 악하게 살았어요. 하나님은 더 이상 이스라엘 백성을 보호해 주지 않으셨어요.**
미디안 사람들은 7년 동안이나 이스라엘을 괴롭혔어요. 농산물을 망쳐 놓고 가축과 양식을 모조리 빼앗아 갔어요.

이스라엘 백성 농사를 지어 봤자 미디안 사람들이 다 빼앗아 가니 우린 이제 어떻게 살아야 하지? 먹을 양식도 바닥났고 이제 굶어 죽을 일만 남았네. 흑흑…. 하나님! 저희를 도와주세요. 그동안 하나님 앞에 지은 죄를 고백하오니 용서해 주세요!

해설자 **기도를 들으신 하나님은 이스라엘 백성을 구하기로 하셨어요. 그래서 평범한 농부 기드온에게 말씀하셨어요.**

하나님 기드온, 너는 힘을 다하여 미디안에게서 이스라엘을 구하여라. 내가 너에게 능력을 줄 것이다.

기드온 제가 어떻게 이스라엘을 구할 수 있을까요? 저는 약하고 작은 사람입니다.

하나님 내가 너와 함께할 것이다. 미디안을 이길 수 있도록 도와줄 것이다.

기드온 그러면 저에게 말씀하시는 분이 하나님이라는 증거를 보여 주세요.

해설자 **하나님은 기드온에게 세 번이나 놀라운 기적을 보여 주셨어요. 그리고 기드온에게 믿음과 용기를 주셨어요. 기드온은 의심을 버리고 하나님의 말씀에 순종했어요. 드디어 3만 2,000명이 미디안과 싸우기 위해 모였어요.**

하나님 이렇게 많은 용사는 필요 없단다. 이스라엘 백성이 자신의 힘으로 이긴 줄 알고 교만할까 염려가 되는구나. 두려워 떠는 사람들은 집으로 돌려보내라.

해설자 **그러자 2만 2,000명이 돌아갔고 만 명만 남았어요.**

하나님 그래도 많구나. 그들을 물가로 데리고 가서 물을 마시게 하여라. 손으로 물을 떠서 개처럼 핥아먹는 사람들과 무릎을 꿇고 엎드려서 물을 먹는 사람들을 따로 세워라.

해설자 **그러자 손으로 물을 떠서 핥아 먹은 사람이 300명이었고, 나머지는 무릎을 꿇고 엎드려서 먹었어요.**

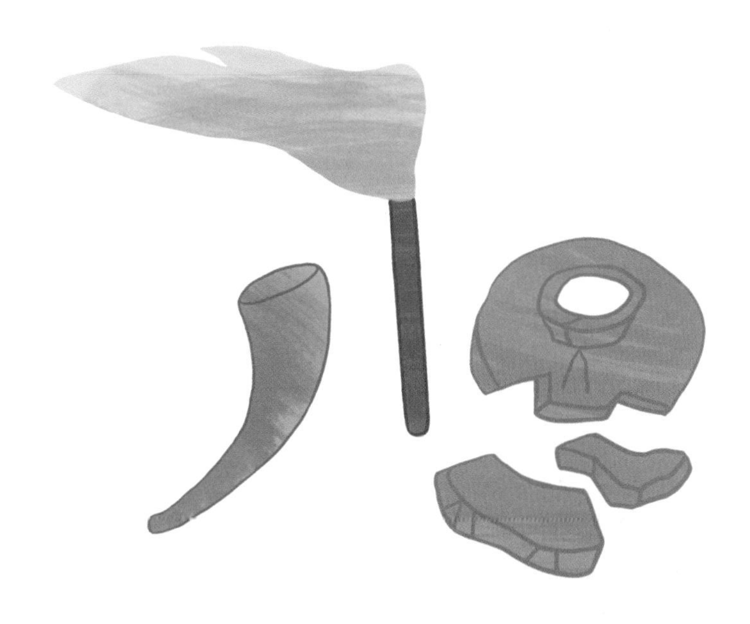

하나님 물을 핥아 먹은 300명만 남고 나머지는 돌려보내라. 너는 일어나서 미디안 군대가 있는 곳으로 내려가라. 너희가 그들을 쫓아내도록 내가 도울 것이다.

해설자 **기드온은 용사들을 데리고 미디안 군대가 있는 곳으로 내려갔어요. 미디안 사람들이 메뚜기 떼처럼 많았어요. 기드온은 300명의 용사에게 외쳤어요.**

기드온 일어나라! 하나님께서 미디안을 우리에게 넘겨주셨다!

해설자 **기드온은 300명의 용사에게 나팔과 빈 항아리를 주고, 횃불을 항아리 속에 감추게 했어요. 기드온과 300명의 용사는 한밤중에 미디안의 막사에 도착했어요. 기드온이 신호를 보내자 용사들이 일제히 항아리를 깨뜨리고 왼손에는 횃불을, 오른손에는 나팔을 들고 큰 소리로 외쳤어요.**

300명의 용사 하나님의 칼이다! 기드온의 칼이다!

해설자 **300개의 횃불이 마구 움직이고 나팔 소리와 큰 함성이 들리자, 미디안 군사들은 겁에 질려서 허둥지둥 도망 다녔어요. 그러다가 같은 편을 몰라보고 자기들끼리 서로 공격하기 시작했어요.**

기드온과 300명의 용사는 하나님께서 알려 주신 방법대로 순종하여 크게 승리할 수 있었어요. 기드온이 지도자로 다스리는 동안 이스라엘은 평화로웠어요.

• 묵상 POINT •

하나님은 우리가 이해할 수 없는 하나님의 방법으로 승리하게 하세요.

하나님은 숨어서 농사짓던 겁많은 기드온을 용감한 군사로 만드셨어요.
크고 작은 영적 전쟁에서 승리하기 위해서는 하나님을 의지해야만 해요.

• 적용 질문 •

겁이 나거나 용기가 없어서 걱정되는 일이 있나요?

• 기도 •

세상을 주관하시는 하나님,
우리는 연약하고 지혜가 부족해요.
겸손한 마음으로 하나님의 은혜를 구하게 해 주세요.
우리의 방법이 아니라 하나님의 방법을 구하며,
매일 믿음으로 승리하게 해 주세요.
예수님의 이름으로 기도드립니다. 아멘.

10

• 삼손 •

이스라엘을 위해 강력한 힘을 주셨어요

본문 사사기 13~16장
등장인물 해설자, 천사, 블레셋 사람들, 들릴라, 삼손

해설자 **이스라엘 백성이 또다시 하나님이 보시기에 나쁜 죄를 지으며 살았어요. 그래서 하나님은 블레셋을 이스라엘에 보내셨어요. 블레셋은 40년 동안 이스라엘 땅을 빼앗아 다스리면서 백성을 괴롭혔어요. 하나님은 다시 이스라엘을 불쌍히 여기시고 구하시기 위해 천사를 마노아의 아내에게 보내셨어요.**

천사 네가 자식을 낳을 수 없었지만 이제 아들을 낳을 거란다. 너는 아들의 머리카락을 자르지 말고, 포도주를 먹이지 말며, 부정한 것을 만지지 않게 하여라. 그 아이는 태어나면서부터 하나님께 드려진 나실인이 될 것이다. 그리고 블레셋으로부터 이스라엘을 구할 것이다.

해설자 **하나님은 삼손에게 매우 강력한 힘을 주셨어요. 이 힘은 머리를 자르지 않고 기를 때만 가질 수 있었어요. 어른이 된 삼손은 블레셋과 사이가 좋지 않았어요. 그래서 블레셋 사람들은 몇 번이나 삼손을 잡으려고 했지만, 삼손의 힘이 너무 세서 매번 실패했어요.**
그러던 어느 날 삼손은 아름다운 블레셋 여인 들릴라를 사랑하게 되었어요.

블레셋사람들 들릴라, 삼손의 강한 힘이 어디에서 나오는지, 또 어떻게 하면 그가 힘을 잃는지 알아보아라. 그러면 너에게 많은 돈을 주겠다.

들릴라 삼손, 당신의 강한 힘은 어디에서 나는 거예요? 어떻게 하면 당신의 힘이 약해지나요? 제발 나에게 알려 주세요.

삼손 마르지 않은 활줄 일곱 개로 나를 묶으면 보통 사람처럼 힘이 약해진다오.

해설자 **삼손의 거짓말을 믿은 들릴라는 일곱 개의 활줄로 삼손을 묶었어요. 그러나 삼손은 줄을 모두 끊어 버렸어요. 그 후로도 삼손은 들릴라에게 여러 번 거짓말을 했어요.**

하지만 들릴라는 매일같이 삼손을 괴롭혔고, 견디다 못한 삼손은 들릴라에게 비밀을 말해 버렸어요.

삼손 난 어머니 배 속에서부터 하나님께 구별된 나실인이오. 그래서 지금까지 한 번도 머리카락을 잘라 본 적이 없소. 만약 내 머리카락을 자른다면 나는 강력한 힘을 잃고 보통 사람처럼 약해질 것이오.

해설자 **들릴라는 블레셋 사람들에게 이 말을 전했고, 그들은 삼손을 잡기 위해 집에 몰래 들어와 숨었어요. 들릴라가 삼손을 자기 무릎에 눕혀 잠들게 하자, 숨어 있던 블레셋 사람이 다가와서 삼손의 머리카락을 잘랐어요.**

들릴라 삼손! 블레셋 사람들이 쳐들어왔어요!

삼손 내가 나가서 무찔러 버리겠다!

해설자 **머리카락이 잘린 삼손은 힘이 약해져 블레셋 사람들을 무찌를 수 없었어요. 블레셋 사람들은 삼손을 사슬로 묶고 감옥으로 끌고 가서 맷돌을 돌리게 했어요.**

어느 날, 블레셋 사람들이 그들의 우상 다곤에게 큰 제사를 드리며 즐기기 위해 잔치를 벌였어요.

블레셋 사람들 하하하! 우리의 다곤 신이 삼손을 우리 손에 넘겨주었다. 우리를 즐겁게 해 줄 삼손을 데려와라!

해설자 **앞을 못 보는 모습으로 나온 삼손은 블레셋 사람들 앞에서 웃음거리가 되었어요. 삼손은 옆에 있는 소년에게 부탁했어요.**

삼손 이 신전을 받치고 있는 기둥을 내가 만질 수 있게 도와주겠니? 내가 좀 기대고 싶구나.

해설자 **다곤 신전은 블레셋 사람들로 가득 찼어요. 신전의 지붕 위에서도 3,000명이 삼손을 놀리며 바라보고 있었어요.**

삼손 하나님, 제발 저를 기억해 주세요. 한 번만 저에게 강력한 힘을 주셔서 악한 블레셋 사람들에게 원수를 갚게 해 주세요.

해설자 **삼손은 신전을 받치고 있는 두 기둥을 양손으로 붙잡고, 있는 힘을 다해 밀었어요.**

삼손 내가 블레셋 사람들과 함께 죽을 것이다!

해설자 **그러자 거대한 다곤 신전 지붕이 와르르 무너져 내렸어요. 그리고 신전 안에 있던 사람들과 지붕 위에 있던 사람들이 그 자리에서 모두 죽었어요.**
20년간 이스라엘 백성의 사사로 지낸 삼손도 그들과 함께 죽고 말았어요.

• 묵상 POINT •

하나님은 이스라엘 백성이 부르짖을 때마다 사사를 세워 주셨어요.

삼손은 하나님의 특별한 은혜로 강한 힘을 갖게 되었어요.
힘들고 어려운 일을 겪을 때 하나님께 기도하면 반드시 응답해 주세요.

• 적용 질문 •

하나님이 나에게 주신 재능은 무엇인가요? 그 재능을 어떻게 사용하면 좋을까요?

• 기도 •

새 힘을 주시는 하나님,
우리에게 주신 재능으로 하나님께 영광을 돌리게 해 주세요.
하나님의 자녀로서 사람들에게 믿음의 본을 보이게 해 주세요.
매일 하나님이 주시는 새로운 힘으로 살게 해 주세요.
예수님의 이름으로 기도드립니다. 아멘.

· 사무엘과 사울 ·

하나님은 제사보다 순종을 원하세요

본문 사무엘상 1~10장, 13~15장
등장인물 해설자, 하나님, 엘가나, 한나, 사무엘, 엘리, 이스라엘 백성, 사울

해설자 **엘가나와 한나는 결혼한 지 오래되었지만 자녀가 없었어요. 한나는 아기를 갖고 싶어서 성막에 들어가 하나님께 간절히 울면서 기도했어요.**

한나 전능하신 하나님, 저에게 아들을 주세요. 만약 제 기도를 들어주신다면 아들을 하나님께 드려서 평생 하나님만을 섬기게 하겠습니다.

해설자 **하나님은 한나의 기도를 들으시고 아들을 주셨어요. 한나는 아이의 이름을 사무엘이라고 지었어요.**

한나 여보, 사무엘이 젖을 떼면 성막으로 데려가서 하나님을 섬기도록 할게요.

엘가나 그래요. 당신이 하나님께 기도한 대로 사무엘을 성막에서 자라게 합시다.

해설자 **사무엘은 성막에서 지내며 엘리 제사장 밑에서 하나님을 잘 섬겼어요. 한나는 은혜를 주신 하나님을 찬양했어요. 하나님은 그런 한나에게 더 많은 자녀를 주셨어요.**

한나 하나님께서 내 마음에 기쁨이 넘치게 하셨으니 감사해요. 거룩한 백성을 지켜 주시는 하나님을 찬양해요!

해설자 **한편, 성전에서 지내고 있던 사무엘은 잠을 자기 위해 누워 있었어요. 그런데 어디에선가 사무엘을 부르는 소리가 들렸어요.**

하나님 사무엘아~

해설자 **사무엘은 엘리 제사장에게 달려가서 대답했어요.**

사무엘 네, 저를 부르셨어요?

엘리 아니, 부르지 않았다. 가서 자거라.

해설자 **사무엘은 다시 자리에 누웠어요. 그 후로도 두 번이나 더 사무엘을 부르는 소리가 들렸어요. 하나님이 부르셨다는 것을 깨달은 엘리는 사무엘에게 '하나님, 말씀하세요. 주의 종이 듣고 있습니다'라고 대답할 말을 알려 주었어요.**

사무엘 하나님, 말씀하세요. 주의 종이 듣고 있습니다.

해설자 **하나님은 사무엘에게 이스라엘과 엘리의 집안에 대해 앞으로 하실 일들을 알려 주셨어요. 이후 사무엘은 하나님의 선지자가 되었고, 백성은 사무엘의 말을 잘 따랐어요. 사무엘은 나이가 들어가면서 하나님을 더 사랑하고 백성을 잘 이끄는 좋은 지도자가 되었어요.**
그런데 어느 날, 강력한 블레셋이 여러 차례 이스라엘을 공격하여 많은 이스라엘 사람이 죽었어요. 게다가 사무엘이 나이가 많아지자, 이스라엘 백성은 사무엘에게 말했어요.

이스라엘 백성 우리에게도 다른 나라들처럼 왕을 세워 주세요! 우리를 다스리고 전쟁에 함께 나갈 왕이 필요해요!

사무엘 하나님, 백성이 왕을 세워 달라고 하는데 어떻게 하면 좋을까요?

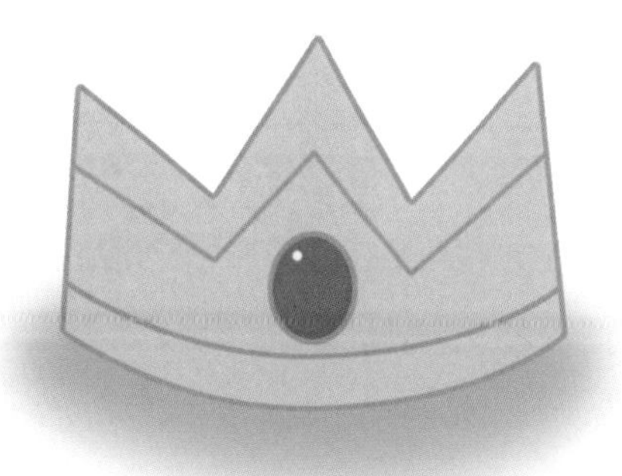

하나님 백성이 나를 버리고 나를 왕으로 삼지 않으려고 하는구나. 그들이 원하는 대로 하여라. 내가 너에게 한 사람을 보낼 것이니 기름을 부어 왕으로 세워라. 그가 블레셋으로부터 너희를 구할 것이다.

해설자 **사무엘은 사울을 만나, 그의 머리에 기름을 부으며 말했어요.**

사무엘 사울, 하나님이 당신을 이스라엘의 왕으로 삼으셨소.

해설자 **사무엘은 백성을 미스바로 불러 모으고 말했어요.**

사무엘 하나님께서 택하신 사람을 보시오! 백성 중에 이만한 사람은 없소.

이스라엘 백성 사울왕 만세!

해설자 **사울은 블레셋과 싸워서 여러 번 이겼어요. 교만해진 사울은 하나님의 은혜를 잊어버리고 하나님께 순종하지 않았어요. 제사장만이 할 수 있는 번제를 자기 마음대로 드리고, 아말렉과 싸울 때 그들의 모든 소유를 없애라는 하나님의 말씀에도 순종하지 않았어요. 이것은 하나님 앞에 큰 죄였어요.**

사무엘 사울, 당신이 하나님의 명령을 지키지 않아서 하나님께서 당신을 왕으로 삼은 것을 한탄하십니다.

사울 나는 하나님께 순종했소. 하나님께 제물로 드리기 위해 가장 좋은 소와 양을 남긴 것이오.

사무엘 하나님이 무엇을 기뻐하실까요? 하나님은 제사드리는 것보다 말씀에 순종하는 것을 더 기뻐하십니다! 당신은 하나님의 말씀에 불순종했기 때문에 왕의 자리에서 물러나게 될 것입니다.

해설자 **하나님은 사울의 뒤를 이어 왕이 될 사람을 준비하셨어요.**

• 묵상 POINT •

하나님은 믿음을 가지고 간절히 기도하는 사람의 기도를 들어주세요.

하나님은 사람을 보실 때 진실한 마음으로 순종하는지를 보세요.
우리를 부르시는 하나님의 음성에 귀를 기울이며 살아야 해요.

• 적용 질문 •

내가 순종해야 할 하나님의 말씀은 무엇인가요?

• 기도 •

순종을 기뻐하시는 하나님,
사무엘처럼 하나님의 마음을 생각하고 하나님께 귀를 기울이게 해 주세요.
형식적인 예배가 아닌 진실함과 사랑으로 예배하게 해 주세요.
하나님을 향한 마음이 변하지 않게 해 주세요.
예수님의 이름으로 기도드립니다. 아멘.

· 다윗 ·

하나님을 온 마음으로 사랑했어요

본문 사무엘상 16~18장, 사무엘하 5~7장, 11~12장
등장인물 해설자, 사무엘, 하나님, 다윗, 사울, 골리앗

해설자 **하나님은 사무엘에게 베들레헴에 있는 이새의 집으로 가라고 말씀하셨어요. 그의 아들 중 한 명을 이스라엘의 새 왕으로 선택하셨기 때문이었어요.**
그곳에서 키가 크고 잘생긴 첫째 아들을 본 사무엘은 생각했어요.

사무엘 이 사람이 바로 하나님이 택하신 사람이구나.

하나님 그는 내가 택한 사람이 아니다. 사람들은 겉모습을 보고 판단하지만, 나는 마음의 중심을 본단다.

해설자 **일곱 명의 아들이 사무엘 앞을 지나갔지만 하나님이 택하신 사람은 없었어요.**

사무엘 아들이 또 있습니까?

해설자 **이새는 그때야 양을 돌보고 있었던 막내아들을 불러왔어요.**

하나님 막내아들이 내가 택한 자란다.

해설자 **사무엘은 다윗에게 하나님이 택하신 왕이라는 표시로 기름을 부었어요. 그러자 하나님의 영이 다윗과 함께하셨어요.**
어느 날, 블레셋이 거대하고 힘센 골리앗을 앞세우고 쳐들어왔어요. 사울왕도 군대를 모으며 싸울 준비를 했어요.

골리앗 너희 중 싸움을 제일 잘하는 사람을 보내라! 싸움에서 지는 사람이 서로의 종이 되게 하자!

해설자 **이스라엘 백성은 벌벌 떨기만 할 뿐, 아무도 나서지 못했어요. 그때 형들에게 먹을 것을 갖다주러 온 다윗이 이스라엘을 무시하고 놀리는 골리앗을 보았어요.**

골리앗 하하하! 내가 이렇게 놀리는데도 나와 싸울 사람이 아무도 없다는 말이냐?

해설자 **골리앗을 본 다윗은 사울왕을 찾아가서 말했어요.**

다윗 왕이시여, 저 블레셋 사람이 우리를 겁쟁이로 만들고 있습니다. 제가 나가서 싸우겠습니다!

사울 네가 어떻게 저 거인과 싸울 수 있다는 말이냐? 너는 아직 어리다.

다윗 저는 사자나 곰이 제 양을 훔쳐 가면 뒤쫓아가서 쓰러뜨리고 양을 구했습니다. 사자와 곰의 발톱에서 저를 구해 주셨던 하나님께서 분명히 도와주실 것입니다.

사울 좋다. 그럼 가라. 하나님이 너를 도와주시기를 바란다.

해설자 **다윗은 군복과 칼 대신 지팡이와 매끄러운 돌 다섯 개를 주머니에 넣고, 골리앗에게 갔어요.**

골리앗 이게 뭐냐? 막대기를 들고 오다니 나를 개라고 생각하냐? 으하하! 어디 한번 덤벼 보시지!

다윗 너는 칼과 창과 단창으로 싸우지만, 나는 이스라엘 군대를 지키시는 하나님의 이름으로 싸운다!

해설자 **다윗은 골리앗을 향해 달려가며 물매로 돌을 던져 골리앗의 이마 중앙을 맞혔어요.**

골리앗 으악!!

해설자 골리앗은 고꾸라지며 땅에 쓰러져 죽었어요. 대장이 죽자, 블레셋 사람들은 겁을 먹고 모두 도망쳤어요. 사울은 그날부터 다윗을 왕궁에서 지내게 했어요.

사울 다윗, 너는 나를 위해 수금을 연주하여라. 그리고 이제부터 너는 군대 사령관이다.

해설자 **사울의 아들 요나단은 다윗을 무척 좋아했고 둘은 제일 친한 친구가 되었어요. 하나님은 다윗이 적군과 싸울 때마다 승리하게 하셨어요. 승리한 다윗을 보고 백성이 기뻐하며 외쳤어요.**

이스라엘 백성 사울이 죽인 자는 천천이요, 다윗은 만만이로다!

해설자 **시기와 질투로 가득 찬 사울은 다윗을 죽이려고 했어요. 다윗은 사울을 피해 여기저기로 도망 다녀야 했어요. 하지만 결국, 사울이 먼저 죽고 하나님의 말씀대로 다윗이 왕이 되었어요.**

하나님은 다윗에게 이스라엘의 왕들이 그의 자손에서 나올 것이며, 그 나라가 영원할 거라고 약속하셨어요.

하지만 다윗은 다른 사람의 아내를 빼앗는 큰 죄를 저질렀어요. 하나님은 나단 선지자를 보내어 다윗의 죄를 지적하며 꾸짖으셨어요.

다윗 하나님, 제가 하나님 앞에서 큰 죄를 지었어요. 저를 용서해 주시고 제 마음을 깨끗하게 씻어 주세요.

해설자 **하나님은 진심으로 뉘우친 다윗을 용서해 주셨어요. 하지만 죄의 대가로 아들이 죽고 말았어요. 그 후로 다윗은 평생 하나님의 은혜를 잊지 않았고, 하나님을 향해 수많은 노래를 지으며 찬양했어요. 그 내용은 시편에 기록되어 있어요.**

다윗 나의 하나님, 나의 부르짖음을 들으시고 도와주세요. 나의 힘이 되신 하나님, 내가 주님을 사랑합니다. 주님은 나의 안전한 바위세요. 하나님은 나의 목자시니 내가 부족함이 없어요. 하나님은 나를 푸른 풀밭에 쉬게 하시며 잔잔한 물가로 인도하십니다.

• 묵상 POINT •

하나님은 하나님의 능력을 믿고 의지하는 사람에게 새 힘을 주세요.

다윗은 죄를 깨달은 후 바로 엎드려 죄를 회개하며 용서를 구했어요.
우리도 다윗처럼 하나님을 향하여 변함없는 마음으로 사랑하고 섬기기로 해요.

• 적용 질문 •

다윗의 시를 보며 하나님은 나에게 어떤 분인지 한 문장으로 표현해 볼까요?

• 기도 •

우리와 함께하시는 하나님,
하나님의 능력을 믿고 담대한 마음으로 살게 도와주세요.
하나님의 이름으로 죄악의 유혹을 이기게 해 주세요.
다윗처럼 하나님의 은혜를 입술로 고백하며 찬양하는 제가 되게 해 주세요.
예수님의 이름으로 기도드립니다. 아멘.

· 솔로몬 ·

지혜를 선물로 받고 성전을 건축했어요

본문 열왕기상 2~3장, 5~8장, 11~14장
등장인물 해설자, 하나님, 솔로몬, 여인1, 여인2

해설자 **다윗의 아들 솔로몬이 왕이 되었어요. 하나님을 사랑했던 솔로몬은 기브온에 가서 천 마리의 제물로 제사를 드렸어요. 그날 밤, 하나님이 솔로몬의 꿈속에 찾아오셨어요.**

하나님 솔로몬아, 무엇이든 원하는 것을 말하여라. 내가 너에게 줄 것이다.

솔로몬 하나님, 제게 맡겨진 일을 어떻게 해야 할지 모르겠어요. 저에게 올바르게 판결하는 마음과 지혜를 주셔서 하나님의 백성을 잘 다스리게 해 주세요.

하나님 내가 너에게 지혜롭게 분별하는 마음을 줄 것이다. 그리고 네가 구하지 않은 부와 명예도 줄 것이다. 네가 만약 아버지 다윗처럼 내 명령을 지키면 오래 살도록 해 줄 것이다.

해설자 **잠에서 깬 솔로몬은 하나님께 제사를 드리고 감사하며 찬양했어요. 그러던 어느 날, 두 여인이 한 아기를 안고 솔로몬을 찾아왔어요.**

여인 1 왕이시여! 저 여자가 제 아기를 빼앗으려고 자기 아기라고 주장합니다. 흑흑…….

여인 2 거짓말하지 마! 이 아기는 내 아들이 맞아.

솔로몬 두 여인이 모두 자기 아기라고 하는구나. 아기를 반으로 잘라 나누어 주어라.

여인 1 안 됩니다. 아기를 죽이지 말아 주세요! 차라리 아기를 저 여자에게 주세요. 흑흑…….

여인 2 우리 둘 다 아기를 가지지 못하게 차라리 아기를 나눠 주세요.

솔로몬 아기를 죽이지 말고 첫 번째 여인에게 주어라. 아기를 살리려고 한 여인이 진짜 어머니이다.

해설자 **이 소문을 들은 백성은 하나님의 지혜를 받은 솔로몬왕을 존경하고 두려워했어요. 한편, 솔로몬은 예루살렘에 큰 성전을 멋지게 지었어요. 그러자 하나님의 영광이 구름과 함께 성전에 가득했어요.**

솔로몬 이스라엘의 하나님, 하나님과 같은 분은 어디에도 없습니다. 하나님은 백성을 사랑하셔서 복을 약속해 주시고 그 약속을 지키셨어요. 하나님, 성전에서 드리는 기도를 들어주시고 우리의 죄를 용서해 주세요.

해설자 **기도를 마친 솔로몬왕은 백성에게 복을 빌어 주며 말했어요.**

솔로몬 하나님을 찬양합시다! 하나님은 약속을 이루셨습니다! 이제 하나님만 따르고 계명을 잘 지킵시다!

해설자 **솔로몬왕은 백성에게 지혜롭고 행복하게 사는 길을 가르쳐 주었는데, 그 내용은 성경 잠언에 기록되어 있어요.**

솔로몬 지혜로운 아들은 그 아버지에게 기쁨을 주고, 어리석은 아들은 그 어머니에게 근심을 안겨 준다. 말이 많으면 죄를 짓기 쉽지만, 말을 조심히 하는 사람은 지혜롭다. 기분 좋은 말은 꿀송이 같아서 영혼을 즐겁게 하고 아픈 뼈를 고치는 힘이 된다.

해설자 **솔로몬은 하나님을 사랑했지만, 그 마음을 끝까지 간직하지 못했어요. 다른 나라에서 온 수백 명의 여인과 결혼한 솔로몬은 다른 나라의 우상을 섬겼어요.**

결국 솔로몬은 마음이 변하여 하나님을 떠나고 말았어요.

하나님 솔로몬! 네가 내 명령을 지키지 않았기 때문에 네 아들이 왕이 되면 이 나라가 둘로 나뉠 것이다.

해설자 **솔로몬이 죽은 후에 두 사람이 서로 왕이 되려고 하다가 나라가 북이스라엘과 남유다로 나뉘고 말았어요.**

솔로몬은 인생의 의미에 대해 깊이 고민하였는데, 그 내용이 성경 전도서에 기록되었어요.

솔로몬 이 세상의 모든 것이 헛되고 지혜도 헛되다. 인생의 진정한 행복은 어디에 있는가? 명예나 재산이나 모두 헛된 것이다. 하나님께서 세상을 다스리신다. 모든 일에는 때가 있다. 하나님의 계획은 아무도 모른다.

• 묵상 POINT •

하나님은 하나님 나라를 위해 구하는 자에게 필요한 것을 채워 주세요.

믿음이 좋았던 솔로몬은 세상 유혹에 넘어가서 하나님 앞에 불순종하게 되었어요.
하나님이 없는 인생은 모든 것이 헛되기에 진정한 행복을 누릴 수 없어요.

• 적용 질문 •

사울, 다윗, 솔로몬 세 왕을 보면서 나는 앞으로 어떻게 살고 싶은가요?

• 기도 •

완전하신 하나님,
하나님 같은 분은 어디에도 없음을 고백합니다.
연약하고 부족한 저를 사랑해 주시고 하나님의 자녀로 삼아 주셔서 감사해요.
세상에서 행복을 찾지 않고 하나님의 품 안에서 기쁨과 행복을 찾게 해 주세요.
예수님의 이름으로 기도드립니다. 아멘.

• 엘리야 •

하나님이 진짜 신이라는 것을 보여 주셨어요

본문 열왕기상 17~18장, 열왕기하 2장
등장인물 해설자, 하나님, 엘리야, 과부, 바알 선지자, 이스라엘 백성, 엘리사

해설자 **북이스라엘의 아합왕은 백성이 우상을 숭배하도록 만든 악한 왕이었어요. 백성은 바알이 햇빛과 비를 내려 준다고 믿었어요. 아합왕이 수도 사마리아에 바알의 신전까지 짓자, 크게 화가 나신 하나님은 엘리야 선지자에게 말씀하셨어요.**

하나님 엘리야야, 너는 아합왕에게 가서 내 말을 전하여라.

해설자 **엘리야는 아합왕을 찾아가서 말했어요.**

엘리야 당신은 바알이 진짜 신이라고 믿소? 나는 이스라엘의 살아 계신 하나님의 종이오. 앞으로 내가 말하기 전까지 몇 년간 이 땅에 비가 오지 않을 것이오.

해설자 **하나님이 엘리야에게 말씀하셨어요.**

하나님 엘리야야, 너는 동쪽 그릿시냇가에 숨어 지내며 시냇물을 마셔라. 내가 까마귀를 통해 먹을 것을 줄 것이다.

해설자 **엘리야는 매일 두 번씩 까마귀가 물어다 주는 빵과 고기를 먹으며 지냈어요. 얼마 후 강과 시내가 모두 말라 버렸어요. 하나님이 엘리야에게 말씀하셨어요.**

하나님 너는 사르밧에 있는 과부의 집으로 가라. 그녀가 너를 돌봐 줄 것이다.

해설자 **엘리야는 여인을 찾아가서 말했어요.**

엘리야 마실 물을 한 그릇만 떠다 주시오. 그리고 빵도 조금만 가져다주시오.

과부 저에게는 빵이 없고 밀가루와 기름이 조금 있습니다. 지금 나와 내 아들이 죽기 전에 마지막으로 먹을 음식을 준비하던 중입니다.

엘리야 걱정하지 말고 먼저 빵을 만들어 나에게 가져오시오. 그리고 당신과 아들이 먹을 것을 준비하시오. 하나님께서 비를 내리실 때까지 밀가루와 기름이 없어지지 않게 하실 것이오.

해설자 **엘리야의 말에 순종한 과부의 집에는 하나님 말씀대로 밀가루와 기름이 없어지지 않았어요. 3년 동안 비가 내리지 않자, 온 나라에 먹을 것이 없어졌어요. 엘리야는 악한 아합왕을 찾아가서 말했어요.**

엘리야 내가 섬기는 하나님과 왕이 섬기는 바알 중 누가 진짜 신인지 대결해 봅시다.

해설자 **갈멜산에 모인 바알의 선지자와 엘리야는 각자의 신을 위한 제단을 쌓았어요.**

엘리야 너희는 언제까지 하나님과 바알 사이에서 양다리를 걸칠 것이냐? 여호와가 하나님이면 그분을 따르고, 바알이 하나님이면 바알을 따르라. 제단 위에 나무와 제물을 올리고 각자의 신을 부를 때, 불로 응답하는 신이 진짜 신이다.

해설자 **먼저 바알 선지자들이 제단 주위를 빙빙 돌면서 춤을 추고, 소리 지르며 바알의 이름을 불렀어요.**

바알 선지자 바알이여, 우리에게 응답해 주소서!

해설자 **그들은 더 크게 소리를 질렀지만, 아무 일도 일어나지 않았어요.**
엘리야는 열두 개의 돌로 제단을 세우고 그 위에 제물을 올렸어요. 그리고 제단 주위에 도랑을 파고, 제단 위에 많은 양의 물을 부어 흠뻑 젖게 했어요.

엘리야 하나님, 하나님이 진짜 하나님이심을 온 백성이 알게 해 주세요.

해설자 그러자 하나님의 불이 내려와 제물과 나무와 돌을 태웠어요. 그리고 도랑에 고인 물까지 마르게 했어요.

이스라엘 백성 우와~ 엘리야의 하나님이 진짜 하나님이다! 여호와 하나님이 진짜 신이다!

해설자 잠시 후에 하늘에 먹구름이 생기더니 3년 만에 비가 쏟아지기 시작했어요. 이렇게 엘리야는 하나님의 능력으로 기적을 많이 나타낸 선지자였어요.
세월이 흘러 엘리야가 늙어서 기운이 없어지자, 하나님은 엘리사를 보내셔서 엘리야를 돕게 하셨어요.

엘리사 저는 무슨 일이 있어도 선지자님 곁을 떠나지 않겠어요.

해설자 하지만 엘리사는 엘리야를 계속 따라갔어요. 요단강에 도착한 엘리야는 겉옷을 벗어서 둘둘 말아 강물을 쳤어요. 그랬더니 강물이 갈라지며 마른 땅이 생겼고, 두 사람은 강을 건널 수 있었어요.

엘리야 엘리사야, 하나님께서 곧 나를 데려가실 것이다. 이제 너는 나를 대신해서 하나님의 선지자가 될 거란다.

해설자 그때 갑자기 불말이 이끄는 불수레가 나타나더니 강한 바람과 함께 엘리야를 데리고 하늘로 올라갔어요. 깜짝 놀란 엘리사가 소리쳤어요.

엘리사 하나님께서 선지자님을 데려가셨구나!

해설자 엘리사가 바닥을 보니 엘리야의 겉옷이 떨어져 있었어요. 엘리사는 엘리야가 했던 대로 겉옷으로 요단강을 쳤어요. 그랬더니 강물이 갈라지며 마른 길이 열렸어요. 하나님은 엘리사 역시 능력의 선지자가 되게 하셨어요.

• 묵상 POINT •

하나님은 위험에 처한 백성에게 피할 길을 주시고 먹이시며 돌보아 주세요.

온 세상을 창조하시고 다스리시는 여호와 하나님은 진짜 하나님이세요.
세상에는 많은 우상이 있지만, 나는 참되신 하나님만을 섬기겠어요.

• 적용 질문 •

친구들에게 하나님이 진짜 하나님이라고 말할 수 있나요?

• 기도 •

세상을 다스리시는 하나님,
제가 어려움에 처할 때도 돌봐 주시고 함께해 주세요.
엘리야처럼 친구들에게 하나님을 담대하게 전할 수 있도록 용기를 주세요.
하나님만 경외하고 하나님만 사랑하는 우리 가족이 되게 해 주세요.
예수님의 이름으로 기도드립니다. 아멘.

• 엘리사 •

하나님이 놀라운 기적을 보여 주셨어요

본문 열왕기하 4~6장
등장인물 해설자, 여인, 엘리사, 나아만, 하인, 나아만의 종

해설자 **어느 날 한 여인이 엘리사를 찾아와서 말했어요.**

여인 선생님, 저희를 도와주세요. 하나님을 잘 섬겼던 제 남편이 갑자기 죽었어요. 그런데 돈이 없어서 사람들에게 빌린 돈을 갚을 수가 없습니다. 돈을 갚지 못하면 두 아들을 노예로 데려간다고 합니다. 어떡하죠? 흑흑…….

엘리사 집에 무엇이 있습니까?

여인 작은 올리브기름 한 병밖에 없어요.

엘리사 그럼 이웃집에 가서 빈 그릇을 많이 빌려 오시오.

해설자 **여인은 여러 집을 다니며 빈 그릇을 여러 개 빌려 왔어요.**

엘리사 이제 올리브기름을 그릇들에 하나씩 차례로 부으시오.

해설자 **여인은 그릇에 기름을 붓기 시작했어요. 어느새 모든 그릇에 기름이 가득 찼어요. 그런데도 기름병에 아직 기름이 남아 있었어요. 여인은 깜짝 놀랐어요.**

엘리사 이제 기름을 판 돈으로 빌린 돈을 갚으시오. 남은 돈으로 두 아들과 먹고살 수 있을 것이오.

해설자 **여인과 두 아들은 너무나 기뻐하며 감사했어요. 이렇게 엘리사는 크고 작은 기적으로 놀라운 하나님의 능력을 보여 주었어요.**

한편, 다른 나라에 사는 나아만 장군이 안타깝게도 무서운 피부병에 걸리고 말았어요. 그런데 이 병을 고칠 수 있는 사람이 아무도 없었어요. 그러던 중 나아만은 시중드는 소녀에게서 엘리사 선지자의 소문을 듣게 되었어요.

나아만 그래. 엘리사를 찾아가야겠어. 그가 진짜 내 병을 고쳐 줄지도 모르잖아.

해설자 **나아만은 말들과 전차들을 이끌고 멀리서부터 엘리사를 찾아왔어요. 그런데 엘리사는 집 밖으로 나와 보지도 않고 하인을 내보냈어요.**

하인 엘리사 선지자님이 요단강에서 몸을 일곱 번 씻으면 피부병이 나을 거라고 말씀하셨어요.

나아만 뭐라고? 직접 나와서 상처 위에 손을 대고 하나님의 이름을 부르며 병을 고칠 줄 알았는데, 고작 요단강에서 몸을 씻으라고? 에잇, 우리나라로 돌아가자!

나아만의 종 장군님, 병이 낫는다면 못할 게 뭐가 있겠습니까? 한번 해 보시지요.

해설자 **나아만은 화가 났지만 엘리사의 말대로 요단강에 풍덩풍덩 일곱 번 들어가서 몸을 씻었어요. 그러자 놀랍게도 모든 피부병이 사라지고 피부가 깨끗해졌어요. 나아만은 엘리사를 찾아갔어요.**

나아만 선지자님, 감사합니다. 제가 이제야 하나님이 큰 능력을 가진 분임을 알았습니다. 저는 이제부터 하나님께만 예배하겠습니다.

엘리사 네. 평안히 가십시오.

해설자 **어느 날, 아람왕이 잘못된 소문을 듣고 화가 나서 아람 군대를 엘리사에게 보냈어요. 엘리사의 하인이 아침 일찍 밖으로 나갔다가 군대와 말과 전차에 둘러싸인 것을 보고 깜짝 놀랐어요.**

하인 선지자님, 어떡하죠? 적군은 셀 수 없이 많은데, 우리는 둘 뿐이에요. 우리는 분명히 붙잡히고 말 거예요.

엘리사 두려워하지 말아라. 우리를 위해 싸우는 군대가 더 많고 강하다. 하나님! 이 하인의 눈을 열어 볼 수 있게 해 주세요.

해설자 **하나님이 하인의 눈을 열어 주시니, 불말과 불수레를 탄 하나님의 군대가 엘리사를 지키고 있는 것이 보였어요. 아람군이 공격하려고 하자, 엘리사가 기도했어요.**

엘리사 하나님, 저들의 눈이 보이지 않게 해 주세요.

해설자 **그러자 하나님이 아람군의 눈을 가려 주셨어요. 엘리사가 그들에게 말했어요.**

엘리사 나를 따라오시오. 당신들이 찾고 있는 사람에게 데려다주겠소.

해설자 **엘리사는 아람군을 데리고 이스라엘 왕에게 갔어요. 그리고 하나님께 이들의 눈을 열어 달라고 기도했어요. 아람군은 자기들이 이스라엘 왕 앞에 와 있는 것을 보고 깜짝 놀라며 두려워했어요. 엘리사는 왕에게 말했어요.**

엘리사 이들에게 먹을 것을 주시고, 다 먹은 후에는 집으로 돌려보내 주십시오.

해설자 **왕은 아람군을 위해 큰 잔치를 베풀고 배부르게 먹여서 돌려보냈어요. 아람 군대는 그 뒤로 한참 동안 이스라엘에 쳐들어오지 않았어요.**

• 묵상 POINT •

하나님은 우리의 생각을 뛰어넘는 놀라운 방법으로 문제를 해결해 주세요.

하나님은 하나님을 섬기는 사람을 통해 그분의 능력을 보여 주세요.
우리의 눈을 열어서 하나님이 행하시는 놀라운 일을 보게 해 달라고 기도해요.

• 적용 질문 •

내 주변에 기도가 필요한 사람은 누구인가요?

• 기도 •

기적을 베푸시는 하나님,
내 주변에 있는 사람들을 위해서 기도하게 해 주세요.
하나님의 사랑을 나누며 예수님의 복된 소식을 전하게 해 주세요.
성령님께서 제 영적인 눈을 열어 주셔서 하나님의 일하심을 보게 해 주세요.
예수님의 이름으로 기도드립니다. 아멘.

• 다니엘 •

당당하게 끝까지 믿음을 지켰어요

본문 다니엘 1~3장, 6장
등장인물 해설자, 느부갓네살왕, 다니엘, 세 친구, 관리들, 다리오왕

해설자 **남유다의 왕들이 우상을 섬겨 하나님을 화나게 했어요. 바벨론은 유다를 정복하고 모든 집과 성전을 불태웠어요. 그리고 바벨론의 느부갓네살왕은 똑똑한 유다 청년들을 훈련시켜서 왕궁의 높은 관리로 일하게 했어요.**
그중에는 하나님을 신실하게 섬기는 다니엘이 있었어요. 어느 날, 나쁜 꿈을 꾼 왕은 잠을 잘 수가 없었어요.

느부갓네살왕 내 꿈을 해석할 점쟁이와 주술사를 데려오너라.

해설자 **하지만 그들이 꿈을 해석하지 못하자 왕은 그들을 죽이라고 명령했어요. 다니엘은 하나님께 기도했어요.**

다니엘 하나님, 왕의 꿈이 무엇인지, 무슨 뜻인지 저에게 알려 주세요.

해설자 **하나님은 다니엘의 기도를 들으시고 꿈에 대해 설명해 주셨어요. 다니엘은 왕에게 말했어요.**

다니엘 왕이시여, 주술사들을 살려 주십시오. 하나님이 저에게 왕의 꿈에 대해 알려 주셨습니다. 하나님은 왕에게 큰 능력을 주셨습니다. 하지만 가장 강력한 나라가 나타나는데 바로 하나님의 나라입니다. 그 나라는 망하지 않고 영원할 것입니다.

느부갓네살왕 오, 놀랍구나. 네가 믿는 하나님이 다른 신보다 높으신 줄을 내가 이제야 알았다.

해설자 **하지만 얼마 후, 느부갓네살왕은 금으로 거대한 우상을 만들고 모두 그 앞에 절을 하라고 명령했어요. 그리고 큰 잔치를 벌였어요.**

느부갓네살왕 음악 소리가 나면 모두 금 신상에게 절을 하라! 그렇지 않으면 뜨거운 불 속에 던져 넣을 것이다!

해설자 **음악 소리가 나자 백성은 무릎을 꿇어 금 신상에 절했어요. 그런데 사드락, 메삭, 아벳느고 이 세 명의 친구는 절을 하지 않았어요.**

세 친구 우리는 하나님만 예배합니다. 하나님이 우리를 불에서 구해 주실 것입니다. 그러지 않으신다고 해도 우리는 우상에게 절하지 않을 것입니다.

느부갓네살왕 감히 내 명령을 어기다니! 여봐라, 이들을 뜨거운 불 속에 던져 넣어라!

해설자 **세 친구는 뜨거운 불 속에 던져졌어요. 하지만 놀랍게도 불은 세 친구를 태우지 못했어요. 그리고 불 속에는 세 친구 말고 또 다른 사람의 형상이 있었어요. 왕은 그 형상이 천사라는 것을 깨달았어요.**

느부갓네살왕 지극히 높으신 하나님의 종들아, 이리 나오너라.

해설자 **세 친구는 머리카락 하나도 상하지 않고 불에서 걸어 나왔어요.**

느부갓네살왕 이들의 하나님을 찬송하라!

해설자 **세월이 흘러 다리오왕이 나라를 다스리게 되었어요. 다니엘은 지혜롭고 성실하여 나라의 중요한 일을 하는 총리가 되었어요.**
한편, 다니엘을 질투하는 관리들은 다니엘이 날마다 하나님께 기도하는 모습을 보고, 나쁜 꾀를 생각해 냈어요.

관리들 왕이시여, 저희는 모든 백성이 왕을 높여야 한다고 생각합니다. 앞으로 30일 동안 왕이 아닌 다른 신에게 기도하는 사람은 누구든지 사자 굴에 던져 넣는 법을 만들어 주십시오.

해설자 **다리오왕은 그들의 말대로 새로운 법을 만들고 도장을 찍었어요. 다니엘은 이 법을 알고 있었지만, 늘 하던 대로 하루에 세 번씩 무릎을 꿇고 하나님께 기도했어요. 이 모습을 지켜본 관리들은 왕에게 가서 말했어요.**

관리들 왕이시여, 다니엘이 왕의 법을 무시하고 날마다 자기 신에게 기도하고 있습니다. 법대로 다니엘을 사자 굴에 던져 넣어야 합니다!

해설자 **왕은 다니엘을 구하고 싶었지만 방법이 없었어요. 결국 다니엘은 배고픈 사자들이 있는 굴속에 던져지고 말았어요.**

다리오왕 다니엘, 네가 늘 섬기던 너의 하나님이 구해 주실 것이다.

해설자 **왕은 밤새도록 다니엘이 걱정되어 잠을 잘 수가 없었어요. 다음 날 새벽, 급히 일어나 사자 굴로 달려갔어요.**

다리오왕 다니엘아! 너의 하나님이 너를 사자들에게서 구해 주셨느냐?

다니엘 네. 나의 하나님이 천사를 보내시어 사자들의 입을 막으셨습니다. 저는 왕에게 잘못한 일이 없습니다.

해설자 **왕은 기뻐하며 다니엘을 꺼내라고 명령했어요. 사자 굴에서 나온 다니엘의 몸에는 아무런 상처도 없었어요.**

다리오왕 다니엘을 고소한 사람들을 당장 잡아 와라! 그리고 새 법을 만들겠노라. 내 나라에 사는 백성은 모두 다니엘의 하나님을 두려워하고 떨리는 마음으로 섬겨라! 그분은 살아 계시며 자기 백성을 구원하는 분이시다.

• 묵상 POINT •

하나님은 믿음을 잘 지키는 자녀를 안전하게 보호해 주세요.

다니엘과 세 친구는 어려움 앞에서도 당당하게 하나님의 편에 섰어요.
우리도 세상을 살아가면서 하나님의 뜻대로 올바른 선택을 할 수 있도록 기도해요.

• 적용 질문 •

여러 가지 중 하나를 결정해야 할 때 어떤 기준으로 선택할 건가요?

• 기도 •

존귀하신 하나님,
저를 통해 하나님이 영광을 받으시기 원합니다.
매 순간 하나님의 나라와 하나님의 뜻을 먼저 생각하고 모든 결정을 할 수 있도록 도와주세요.
당당하고 신실하게 믿음을 지키는 하나님의 자녀가 되게 해 주세요.
예수님의 이름으로 기도드립니다. 아멘.

17

• 에스더 •

기도로 용기를 내어 민족을 구했어요

본문 에스더 2~8장
등장인물 해설자, 하만, 아하수에로왕, 모르드개, 에스더

해설자 **페르시아의 아하수에로왕 옆에는 하만이 있었어요. 그는 왕에게 부탁해 모든 신하가 자신 앞에 무릎을 꿇게 했어요.**
하지만 왕비 에스더의 사촌 오빠인 모르드개는 하만에게 무릎을 꿇지 않았어요. 하나님이 아닌 우상 앞에는 무릎을 꿇지 않겠다는 믿음을 가졌기 때문이에요.

하만 모르드개가 나에게 절을 하지 않다니! 모르드개뿐만 아니라 이 나라에 있는 유다 사람을 모조리 없애 버리겠다!

해설자 **나쁜 꾀를 생각해 낸 하만은 아하수에로왕을 찾아갔어요.**

하만 왕이시여! 유다 민족은 왕의 법을 따르지 않는 위험한 사람들입니다. 그들을 멸망시키라는 명령을 내려 주십시오.

아하수에로왕 네 말대로 하라!

해설자 **왕은 하만의 거짓말을 믿고 편지를 써서 각 지방의 통치자들에게 전달했어요. 편지에는 12월 13일에 유다 사람을 모조리 죽이고, 그들의 재산을 빼앗으라는 명령이 적혀 있었어요.**

모르드개 이럴 수가! 큰일이 났구나. 이 일을 어쩌면 좋단 말이냐!

해설자 **왕의 편지가 도착하자 유다 사람들은 금식하며 통곡했어요. 왕비 에스더도 상황을 전해 듣고 슬퍼했어요. 모르드개와 에스더는 서로 사람을 보내며 어떻게 대처해야 할지 의논했어요.**

모르드개 에스더야, 네가 왕 앞에 나아가서 우리 민족을 구해 달라고 간절히 부탁해 보아라.

에스더 왕이 부르시지 않았는데 그 앞에 나아가면 죽임을 당해요. 왕께서 금홀을 내미시는 경우에만 살 수 있어요.

모르드개 에스더야, 왕비라고 죽음을 피할 수 있으리라 생각하지 말아라. 네가 이때를 위해서 왕비가 된 건지 누가 알겠느냐?

해설자 **에스더는 근심에 빠졌어요. 하지만 곧 민족을 도와야겠다고 결심했어요.**

에스더 그럼 유다 사람들을 모아서 3일 동안 저를 위해 아무것도 먹지 말고 기도해 주세요. 저와 제 여종들도 함께하겠어요. 기도해 주신다면, 법을 어기더라도 왕 앞에 용기를 내어 나아가겠어요. 죽음도 두려워하지 않을게요.

해설자 **에스더는 기도하는 마음으로 왕 앞에 나아갔고, 다행히도 왕은 사랑하는 에스더에게 금홀을 내밀었어요.**

아하수에로왕 에스더, 무슨 일이오? 당신이 원하면 내 나라의 절반이라도 주겠소.

에스더 제가 왕을 위해 잔치를 준비했으니 하만과 함께 와 주세요.

아하수에로왕 그렇게 하겠소.

해설자 **며칠 후, 왕은 잠이 오지 않아 왕궁 일기를 읽고 있었어요.**
왕은 그 일기에서 나쁜 사람들로부터 왕을 보호했넌 모르드개의 이야기를 읽게 되었어요. 왕은 하만을 불렀어요.

아하수에로왕 내가 크게 칭찬하고 싶은 사람이 있는데, 어떻게 해 주면 좋겠느냐?

하만 왕의 옷을 입히고, 왕의 말에 태워 거리를 다니며 '왕은 칭찬하는 사람에게 이렇게 해 주신다'라고 외치게 하십시오.

아하수에로왕 어서 가서 모르드개에게 그대로 하여라.

해설자 **왕이 칭찬하려고 한 사람이 모르드개인 줄 몰랐던 하만은 화가 났어요. 하지만 왕의 명령대로 할 수밖에 없었어요. 얼마 뒤, 에스더가 준비한 잔칫날이 되었어요.**

아하수에로왕 에스더, 당신이 바라는 것이 무엇이오? 내가 들어주겠소.

에스더 왕이시여, 제 목숨을 살려 주세요. 그리고 제 민족 모두 죽게 되었으니, 부디 살려 주세요. 이것이 제 소원이에요.

아하수에로왕 아니, 누가 그런 짓을 했다는 말이오?

에스더 바로 저기에 있는 하만이에요.

해설자 **하만은 두려워서 떨며 목숨만은 살려 달라고 외쳤어요. 화가 머리끝까지 난 왕은 악한 하만에게 큰 벌을 주었고, 유다 민족을 살리는 새로운 법을 만들었어요. 모든 유다 사람은 환호하며 기뻐했고, 큰 잔치를 베풀며 즐거워했어요.**

• 묵상 POINT •

하나님은 하나님의 뜻을 이루시기 위해 우리를 부르세요.

에스더는 민족을 구하기 위해 간절히 기도하며 용기와 순종으로 나아갔어요.
우리도 세상과 타협하지 않고 하나님의 뜻에 순종하도록 늘 깨어 있어야 해요.

• 적용 질문 •

건강하고 정직한 우리나라를 만들기 위해 내가 할 수 있는 일은 무엇일까요?

• 기도 •

위대하신 하나님,
세상의 유혹에 넘어가지 않고 올바르게 분별하도록 도와주세요.
우리나라가 더욱 깨끗하고 정직한 나라가 되게 해 주세요.
열방을 향한 하나님의 마음을 깨닫고, 더 큰 비전과 꿈을 꾸게 해 주세요.
예수님의 이름으로 기도드립니다. 아멘.

• 요나 •

영혼을 향한 하나님의 마음을 알지 못했어요

본문 요나 1~4장
등장인물 해설자, 하나님, 요나, 선원들, 선장, 니느웨왕

해설자 **어느 날 하나님이 이스라엘 사람 요나에게 말씀하셨어요.**

하나님 요나야, 너는 니느웨로 가서 내 말을 전하여라. 내가 죄 많은 니느웨를 벌할 것이다!

해설자 **요나는 이스라엘을 괴롭혀 왔던 니느웨로 가고 싶지 않았어요. 그래서 하나님의 말씀을 듣지 않고 반대 방향인 다시스로 가는 배를 탔어요. 그러자 하나님은 바다에 거대한 폭풍을 보내셨어요. 요나가 탄 배는 거친 파도를 만나 뒤집힐 것처럼 많이 흔들렸어요.**

선원들 으악! 폭풍이 너무 심하게 불어요! 이러다가 배가 부서지겠어요! 어떡하죠?

해설자 **선원들은 두려워하며 각자 자기가 믿는 신에게 큰 소리로 기도했어요. 그때 요나는 배 아래층에서 깊이 잠을 자고 있었어요.**

선장 일어나세요! 지금 큰 폭풍 때문에 배가 뒤집히게 생겼는데 잠이 와요? 얼른 일어나 당신이 믿는 신에게 기도하세요!

선원들 배에 단 사람 중에 누구 때문에 폭풍이 왔는지 제비를 뽑아 알아봅시다.

해설자 **모두 모여 제비를 뽑았는데 요나가 걸리고 말았어요.**

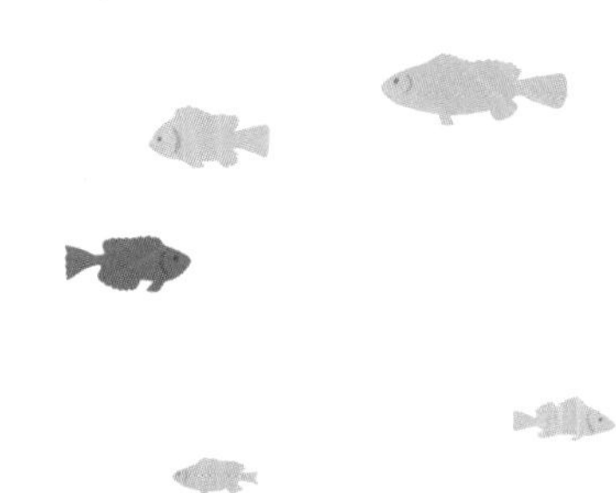

선원들 당신은 어느 민족 사람인가요? 이 배는 무슨 일로 탔어요?

요나 나는 이스라엘 사람이며, 바다와 땅을 만드신 하나님을 믿어요. 그런데 저는 니느웨로 가라는 하나님의 말씀에 불순종하여 다시스로 가는 이 배를 탔어요.

선원들 어째서 그런 일을 했나요? 폭풍을 가라앉히려면 어떻게 해야 하죠?

요나 저를 들어서 바다에 던지세요. 그러면 폭풍이 멈출 거예요.

해설자 **선원들은 어쩔 수 없이 요나를 바다로 던졌어요. 그러자 즉시 바다가 잠잠해졌어요. 하나님은 큰 물고기를 보내셔서 요나를 삼키게 하셨어요. 요나는 물고기 배 속에서 3일을 보냈어요.**

요나 하나님! 제가 잘못했어요. 하나님의 말씀에 순종하지 않은 저를 용서해 주세요. 도와주세요!

해설자 **하나님은 물고기가 요나를 니느웨 땅에 토해 내게 하시고, 요나에게 한 번 더 기회를 주셨어요. 요나는 말씀에 순종하여 니느웨 사람들에게 외쳤어요.**

요나 여러분! 하나님께서 죄가 가득한 이 땅을 40일 후에 무너지게 하실 거예요!

해설자 **그러자 니느웨 사람들은 즉시 잘못을 회개하고 금식하며 하나님께 기도하기 시작했어요.**

니느웨왕 누구든지 아무것도 먹지 말고 하나님께 살려 달라고 부르짖으라! 각자 나쁜 행동에서 떠나고 죄를 회개하라!

해설자 **하나님은 그들이 회개하는 것을 보시고, 마음을 바꾸어 벌을 내리지 않으셨어요. 매우 화가 난 요나는 하나님께 소리쳤어요.**

요나 하나님! 이러실 줄 알았어요. 하나님은 은혜롭고, 자비롭고, 사랑이 많은 분이시잖아요!

하나님 요나야, 네가 화를 내는 것이 옳은 일이냐?

해설자 **요나는 씩씩거리며 성읍 밖으로 나가 앉았어요. 자기가 외친 대로 니느웨가 멸망하는지 지켜보기 위해서였어요. 그때 하나님은 요나의 머리 위에 넓은 잎의 넝쿨로 그늘을 만들어 주셨어요. 요나는 시원한 그늘 때문에 기분이 좋아졌어요.**
하지만 다음 날, 하나님은 벌레를 보내셔서 넝쿨 잎을 다 갉아 먹게 하셨어요. 그늘이 사라지고 뜨거운 햇볕이 내리쬐자 요나는 화를 내기 시작했어요.

요나 하나님, 너무 화가 나요. 차라리 죽는 것이 낫겠어요!

하나님 네가 넝쿨 때문에 화내는 것이 옳은 것이냐? 너는 네가 기르지도 않고 하루 만에 말라 버린 넝쿨을 그렇게 아꼈는데, 내가 어찌 12만 명이나 되는 니느웨 백성을 아끼지 않겠느냐?

• 묵상 POINT •

하나님은 영적으로 죽어 가는 사람을 불쌍히 여기시고 구원하시기를 원하세요.

하나님은 하나님을 모르는 사람에게 복음 전하는 사명을 우리에게 주셨어요.
하나님이 부르시면 내 생각과 판단을 내려놓고, 부르심에 순종해야 해요.

• 적용 질문 •

내가 상대방에게 잘못했을 때 어떻게 행동해야 할까요?

• 기도 •

한 영혼을 소중히 여기시는 하나님,
하나님의 마음을 우리도 갖게 해 주세요.
하나님의 부르심을 깨닫게 해 주시고, 깨달은 즉시 순종하게 해 주세요.
복음의 기쁨을 나도 누리고, 세상에도 전할 수 있도록 도와주세요.
예수님의 이름으로 기도드립니다. 아멘.

• 느헤미야 •

52일 만에 성벽을 다시 쌓았어요

본문 느헤미야 1~4장, 6장, 12장
등장인물 해설자, 느헤미야, 아닥사스다왕, 산발랏, 도비야, 유다 사람들

해설자 **느헤미야는 페르시아에서 왕의 술을 관리하는 일을 했어요. 어느 날, 느헤미야는 고향 예루살렘에 대한 소식을 들었어요. 남아 있는 유다 사람들이 괴롭힘을 당하며 고생하고 있다는 것이었어요. 그리고 성벽은 무너지고 성문들도 불에 탔다고 말했어요. 이 말을 들은 느헤미야는 음식도 먹지 않고 여러 날 울면서 하나님께 기도했어요.**

느헤미야 위대하신 하나님, 말씀을 지키지 않은 저희의 잘못을 용서해 주세요.

해설자 **느헤미야가 슬픈 얼굴로 다니자 궁금해진 왕이 물어보았어요.**

아닥사스다왕 무슨 걱정이라도 있느냐?

느헤미야 네, 고향 예루살렘의 성벽이 무너지고 성문이 모두 불에 탔다고 합니다.

아닥사스다왕 그렇구나. 그럼 어떻게 하기를 원하느냐?

느헤미야 고향으로 가서 성벽을 다시 쌓고 싶습니다.

아닥사스다왕 좋다. 내가 편지를 써 줄 테니 다녀오너라.

해설자 **느헤미야는 예루살렘으로 가서 3일간 성을 둘러보고 사람들에게 말했어요.**

느헤미야 여러분! 예루살렘 성벽을 다시 건축해서 더 이상 부끄러움을 당하지 맙시다!

유다 사람들 좋습니다. 오늘부터 다시 성벽을 쌓읍시다!

해설자 **하지만 유다를 괴롭히던 나쁜 사람들은 놀리며 비웃었어요. 느헤미야가 그들에게 말했어요.**

느헤미야 하나님께서 성벽을 잘 쌓을 수 있도록 도와주실 것이오! 당신들은 아무 상관도 하지 마시오!

해설자 **사람들은 돌을 옮기고 차곡차곡 쌓으며 아침부터 밤까지 열심히 일했어요. 성벽을 쌓는 일은 정말 고생스럽고 힘든 일이었어요. 게다가 도비야와 산발랏 같이 비웃고 방해하는 사람들까지 있었어요.**

산발랏 약하디약한 유다 사람들이 거대한 성벽을 쌓겠다고? 크크.

도비야 저렇게 성벽을 쌓아 봤자 여우 한 마리만 올라가도 와르르 무너질걸? 히히.

느헤미야 하나님, 저 사람들의 비난이 자기한테로 돌아가게 해 주세요.

해설자 **어느덧 성벽이 절반 정도 지어졌어요. 그러나 방해하는 사람들은 여전히 나쁜 꾀를 만들어 싸움을 걸어왔어요.**

느헤미야 여러분! 저 사람들을 무서워하지 마십시오. 하나님은 크고 강하십니다. 우리의 아이들과 가정을 위해 싸웁시다!

해설자 **그날부터 유다 사람들은 성벽 쌓는 일을 하는 사람, 창과 방패와 갑옷으로 무장한 사람으로 나뉘었어요. 성벽을 쌓는 사람도 한 손으로는 성벽을 쌓고, 다른 한 손으로는 무기를 들었어요.**

느헤미야 하나님, 도비야와 산발랏의 나쁜 행동을 기억해 주세요. 그리고 저희에게 용기를 주셔서 성벽 쌓는 일을 멈추지 않게 해 주세요.

해설자 **마침내 52일 만에 성벽이 완성되었어요. 유다 사람들은 악기를 연주하고 노래하면서 하나님을 찬양하고 예배했어요.**

유다 사람들 우리는 이제 하나님이 원하시는 대로 살겠습니다. 하나님의 모든 명령과 율법을 지키겠습니다.

해설자 **남자와 여자, 아이들까지 모두가 기뻐했어요. 예루살렘에서 기뻐하는 소리가 멀리까지 퍼졌어요.**

• 묵상 POINT •

하나님은 문제를 해결하기 위해 기도하는 사람에게 지혜와 능력을 주세요.

느헤미야는 혼자 편하게 사는 것보다, 모든 사람이 잘 살기를 바랐어요.
우리 주변에 힘들고 어려운 일을 겪는 사람들을 향해 긍휼과 섬김의 마음을 가져야 해요.

• 적용 질문 •

문제가 생겼을 때 어떤 방법으로 해결하면 좋을까요?

• 기도 •

참된 기쁨을 주시는 하나님,
나 혼자만 잘되기를 바라는 이기심을 버리고,
다른 사람을 배려하는 마음을 주세요.
어려운 문제 앞에서 먼저 하나님께 기도하는 믿음을 갖게 해 주세요.
합력하여 선을 이루시는 하나님을 바라보게 해 주세요.
예수님의 이름으로 기도드립니다. 아멘.

성경을 만나고 마음을 나누는
온 가족 드라마 성경

• New Testament •

신약

• 기쁜 소식 •

천사가 기쁘고 복된 소식을 전해 주었어요

본문 누가복음 1~2장
등장인물 해설자, 천사, 사가랴, 마리아, 엘리사벳, 요셉

해설자 **사가랴 제사장은 하나님의 말씀을 잘 지키는 의로운 사람이에요. 사가랴와 엘리사벳은 나이가 많았지만 자식이 없었어요.**
어느 날, 사가랴가 하나님의 성전에 들어가 향을 피우는데, 하나님이 보내신 천사가 나타나서 말했어요.

천사 두려워하지 마라. 난 기쁜 소식을 전하러 온 가브리엘이다. 엘리사벳이 아들을 낳을 것인데, 이름을 요한이라고 지어라. 요한은 많은 사람을 하나님께로 돌아오게 하는 큰 인물이 될 것이다.

사가랴 저희는 나이가 너무 많은데 어떻게 아기를 낳을 수 있습니까?

천사 내 말을 믿지 않는구나. 이제 너는 아기가 태어날 때까지 말을 못 하게 될 것이다.

해설자 **성전에서 나온 사가랴는 한마디도 할 수가 없었어요. 하고 싶은 말이 있을 때는 서판에 써야 했어요. 엘리사벳은 천사가 말한 대로 아기를 가지게 되었고, 두 사람은 함께 매우 기뻐했어요.**
몇 달이 지난 후, 하나님은 가브리엘 천사를 나사렛이라는 동네로 보내셨어요. 그곳에는 요셉과 약혼한 마리아가 살고 있었어요. 천사가 마리아 앞에 나타나서 말했어요.

천사 은혜를 입은 마리아야, 두려워하지 마라. 하나님이 너를 기뻐하신단다. 네가 아들을 낳을 것이니 이름을 예수라고 하여라. 그는 전능하신 하나님의 아들이다.

마리아 결혼도 하지 않았는데, 어떻게 그런 일이 있습니까?

천사 성령님이 너에게 오실 것이고 하나님의 능력이 너를 감싸 주실 것이다. 태어날 아기는 하나님의 아들이라 불릴 것이다. 네 친척 엘리사벳도 나이가 많지만, 아기를 가진 지 6개월이 되었단다. 하나님은 못 하시는 일이 없다.

마리아 하나님의 종이오니 말씀대로 이루어지기를 원합니다.

해설자 **천사가 떠나가자 마리아는 기쁜 마음으로 엘리사벳을 찾아갔어요. 마리아가 인사를 했더니 엘리사벳의 아기가 배 속에서 기뻐하며 뛰어놀았어요.**

엘리사벳 마리아야, 너는 여인 중에서 가장 큰 복을 받았구나.

해설자 **마리아는 매우 기뻐하며 하나님을 찬양했어요.**

마리아 할렐루야! 하나님이 저를 사랑하시니 참으로 기쁩니다. 내 영혼이 날마다 하나님을 찬양할 것입니다. 하나님은 위대하시고 선하시며 가장 높은 분이십니다.

해설자 **마침내 엘리사벳의 아기가 태어났어요. 천사가 얘기한 대로 이름을 요한이라고 지었지요. 그때부터 사가랴는 다시 말할 수 있게 되었어요. 사가랴는 제일 먼저 하나님을 찬양했어요.**

사가랴 이스라엘의 하나님은 찬양을 받으실 분입니다. 하나님께서 백성을 돌보시며 구원을 베푸셨습니다.

해설자 **사람들은 하나님이 요한과 함께하신다는 것을 알게 되었어요. 한편, 마리아의 임신 소식을 들은 약혼자 요셉은 그 사실을 믿을 수가 없었어요. 그런데 그날 밤, 천사가 요셉의 꿈에 나타나서 말했어요.**

천사 요셉아, 마리아와 결혼하여라. 마리아는 성령으로 아기를 가진 것이다. 아들을 낳을 것이니 이름을 예수라고 하여라. 그는 백성을 죄에서 구원할 분이시다.

해설자 **잠에서 깬 요셉은 천사가 말한 대로 마리아와 결혼했어요. 여러 달이 지난 후, 배 속의 아기가 태어날 때가 가까워졌어요. 로마 황제는 모든 백성에게 고향으로 가서 호적을 등록하라는 명령을 내렸어요.**

요셉 마리아, 우리도 호적을 등록하러 고향 베들레헴으로 가야겠소.

해설자 **베들레헴은 다윗왕의 고향이에요. 요셉은 다윗왕의 후손이었기에 베들레헴으로 가야 했어요.**

마리아 네, 그렇게 해요. 아기가 힘들지 않도록 하나님께 기도해야겠어요.

해설자 **요셉과 마리아는 필요한 짐을 챙겨서 베들레헴으로 떠났어요.**

• 묵상 POINT •

하나님은 인간의 죄와 죽음을 해결하시려고 이 땅에 아들을 보내셨어요.

마리아는 처녀의 임신이 위험하다는 것을 알면서도 하나님의 은총으로 알고 순종했어요.
우리는 무에서 유를 창조하시는 하나님의 능력을 신뢰하며 살아야 해요.

• 적용 질문 •

앞으로 내 삶을 인도하실 하나님의 섭리를 믿고 순종할 수 있나요?

• 기도 •

은혜가 크신 하나님,
죄 많은 저를 구원하시기 위해 아들을 보내 주셔서 감사합니다.
하나님의 능력을 온전히 믿고 하나님의 섭리에 순종하며 살게 해 주세요.
하나님의 은총에 감사하며 날마다 제 입술에서 찬양이 흘러나오게 해 주세요.
예수님의 이름으로 기도드립니다. 아멘.

• 예수님의 탄생 •

이 세상에 아기로 태어나셨어요

본문 누가복음 2장 5~20절, 마태복음 2장 1~23절
등장인물 해설자, 요셉, 여관 주인, 마리아, 천사, 목자들, 동방박사1, 동방박사2, 동방박사3, 헤롯왕, 율법학자

해설자 **베들레헴에 도착한 요셉과 마리아는 쉴 곳을 찾았지만, 어디에도 빈방이 없었어요.**

요셉 혹시 여기에 빈방이 있습니까?

여관 주인 호적을 등록하러 온 사람이 많아서 모든 여관이 꽉꽉 찼답니다. 지금 방을 구하려면 힘들 기예요. 괜찮다면 마구간이라도 내어 드릴까요?

해설자 **동물이 지내는 마구간에 자리를 잡은 후, 곧 우렁찬 목소리와 함께 아기 예수님이 태어나셨어요. 마리아는 천으로 감싼 아기를 동물의 먹이통에 눕혔어요.**

마리아 하나님, 저희를 돌보시고 건강한 아기가 태어나게 해 주시니 감사합니다.

해설자 **그날 밤 베들레헴 근처의 들판에는 목자들이 양을 지키고 있었어요. 그런데 갑자기 눈부시게 밝은 빛이 비치더니 천사가 나타났어요.**

천사 내가 너희에게 기쁜 소식을 전하러 왔단다. 베들레헴에 구세주가 태어나셨느니라. 너희는 포대기에 싸여 구유에 누우신 그리스도를 만나게 될 것이다.

해설자 **하늘에 수많은 천사가 나타나 아름다운 소리로 찬양했어요.**

천사 가장 높은 곳에서는 하나님께 영광이요, 땅에서는 하나님의 사람들에게 평화로다!

해설자 **찬양이 끝나자 천사들은 사라졌어요. 놀라운 광경을 본 목자들은 서로 얘기했어요.**

목자들 우리가 오랫동안 기다린 구세주가 태어나셨다고? 빨리 베들레헴에 가서 확인해 봅시다!

해설자 **목자들은 설레는 마음으로 베들레헴을 향해 달려갔어요. 그리고 허름한 마구간의 구유에 누워 있는 아기 예수님을 만났어요. 목자들은 천사가 전해 준 소식을 요셉과 마리아에게 말해 주었어요.**
한편, 베들레헴에서 멀리 떨어진 동방에 지혜로운 박사들이 있었어요. 그들은 별을 살펴보다가 깜짝 놀랐어요.

동방박사1 저기 좀 보십시오! 저렇게 크고 밝은 별은 처음 봤어요.

동방박사2 오, 저 별은 새로운 왕이 태어났다는 것을 알려 주는 별입니다.

동방박사3 그럼 어서 그 왕을 찾아가서 경배합시다!

해설자 **동방박사들은 각자 특별하고 귀한 선물을 준비해 먼 길을 떠났어요. 별이 있는 곳으로 한참을 따라가다 보니 마침내 예루살렘의 왕궁에 도착했어요.**

동방박사1 새로운 왕으로 태어나신 아기가 어디에 계십니까? 저희는 동방에서부터 아기 왕에게 경배하려고 왔습니다.

헤롯왕 아니, 새로운 왕이라고요? 여기에 왕은 나뿐이오. 여봐라! 대제사장들과 율법학자들을 불러서 새로운 왕이 어디에서 태어난다고 했는지 알아보아라.

율법학자 왕이시여, 이스라엘의 예언자들이 기록하기를 베들레헴에서 태어난다고 했습니다.

헤롯왕 베들레헴? 허허. 박사님들, 혹시 새 왕을 찾으면 나에게도 알려 주시오. 나도 가서 경배하겠소.

동방박사1 네, 그렇게 하겠습니다.

해설자 **왕궁에서 나온 박사들은 다시 별을 따라 베들레헴으로 갔어요. 별은 아기가 있는 마구간 위에서 멈추었어요.**

동방박사2 별이 멈추었습니다! 저 마구간에 계신가 봅니다.

동방박사3 드디어 만나 뵙는군요. 어서 아기 왕께 경배하러 들어갑시다.

해설자 **마구간에 들어간 동방박사들은 기뻐하며 아기 예수님께 무릎을 꿇어 경배했어요. 그리고 가져온 보물함을 열어 황금과 유향과 몰약을 예물로 드렸어요.**

동방박사1 이 세상에 위대한 왕으로 오신 아기께 경배를 드립니다. 새로운 아기 왕의 탄생을 축하드립니다.

해설자 **박사들은 꿈속에서 헤롯왕에게 가지 말라는 말씀을 듣고 바로 자기 나라로 돌아갔어요. 한편, 요셉의 꿈에 천사가 찾아와서 말했어요.**

천사 요셉! 어서 일어나서 아기와 마리아를 데리고 이집트로 도망가거라. 헤롯이 아기를 찾아서 죽이려고 하니 너는 내가 말할 때까지 그곳에 머물러라.

해설자 **요셉은 한밤중에 일어나 아기와 마리아를 데리고 이집트로 출발했어요. 헤롯왕은 화가 잔뜩 났어요.**

헤롯왕 뭐라고? 동방박사들이 나한테 알려 주지도 않고 자기 나라로 돌아갔다고? 이런 괘씸한 사람들을 봤나! 그럼 새로 태어난 아기를 어떻게 찾지? 안 되겠다. 여봐라! 베들레헴에 있는 두 살 이하의 남자 아기를 모두 죽여라.

해설자 **세월이 지나 헤롯왕이 죽게 되자, 요셉의 꿈에 천사가 나타나서 말했어요.**

천사 요셉, 아기와 마리아를 데리고 고향 이스라엘 땅으로 돌아가거라.

해설자 **요셉은 가족들을 데리고 갈릴리의 나사렛이라는 작은 마을로 가서 살게 되었어요.**

• 묵상 POINT •

하나님은 약속하신 대로 인간에게 최고의 선물인 예수님을 보내 주셨어요.

예수님은 모든 사람을 품고 구원하시기 위해 가장 낮은 모습으로 이 세상에 오셨어요.
우리는 예수님을 내 인생의 왕으로 모시고 감사하는 마음으로 살아야 해요.

• 적용 질문 •

나는 목자들과 동방박사들처럼 예수님의 오심을 기뻐하고 있나요?

• 기도 •

사랑이 많으신 하나님,
저를 영원한 죽음에서 구원하시기 위해 예수님을 보내 주셔서 감사합니다.
제 인생에서 예수님이 가장 소중한 선물이심을 고백합니다.
예수님을 더 사랑하고 더 기뻐하는 제가 되게 해 주세요.
예수님의 이름으로 기도드립니다. 아멘.

• 세례요한 •

예수님의 길을 준비하라고 외쳤어요

본문 마태복음 3장 1~17절, 누가복음 4장 1~13절
등장인물 해설자, 성령님, 세례요한, 사람들, 세리들, 군인들, 예수님, 마귀

해설자 **하나님은 사가랴의 아들 세례요한에게 큰 능력을 주셨어요. 그는 낙타털 옷을 입고 가죽띠를 두르고 야생 꿀과 메뚜기를 먹으며 광야에서 살았어요. 그리고 요단강에서 사람들에게 외쳤어요.**

세례요한 회개하시오! 천국이 가까이 왔습니다!

해설자 **세례요한은 바로 예수님의 길을 준비하라고 외치는 사람이었어요. 예루살렘과 유대와 요단강 주변에 사는 사람들은 죄를 고백하고 요단강에서 요한에게 세례를 받았어요.**

세례요한 독사의 자식들아! 하나님의 벌을 피할 수 없을 것이다. 회개의 열매를 맺어라! 좋은 열매를 맺지 못하는 나무들은 불에 던져질 것이다.

사람들 저희는 어떻게 해야 합니까?

세례요한 옷을 두 벌 가진 사람은 옷이 없는 자에게 나눠 주어라. 먹을 것이 있는 사람도 그렇게 하여라.

세리들 저희는 세리인데, 어떻게 해야 합니까?

세례요한 정해진 것 외에 더 많은 세금을 걷지 말아라.

군인들 그럼 군인인 저희는 어떻게 해야 합니까?

세례요한 돈을 강제로 빼앗지 말고 받는 월급에 만족하여라.

해설자 **사람들은 '요한이 혹시 그리스도가 아닐까?'라고 생각했어요.**

세례요한 나는 물로 세례를 주지만, 내 뒤에 오실 분은 큰 능력을 가지셔서 성령과 불로 세례를 주실 것이다. 나는 그분의 신발 끈을 풀 자격도 없다. 그분께서 알곡은 곳간에 모으고, 쭉정이는 불에 태우실 것이다.

해설자 **그때 예수님이 세례요한에게 오셔서 세례를 받으려고 하셨어요.**

세례요한 제가 예수님께 세례를 받아야 하는데 어떻게 저에게 오셨습니까?

예수님 우리가 이렇게 해야 모든 의가 이루어진단다.

해설자 **세례요한은 예수님께 세례를 베풀었어요. 예수님이 물 밖으로 나오시자 하늘이 열렸어요. 그리고 하나님의 성령이 비둘기처럼 내려오더니 하늘에서 소리가 들렸어요.**

성령님 이는 내가 사랑하고 기뻐하는 아들이다!

해설자 **성령으로 충만해진 예수님은 광야에서 40일간 금식하며 기도하셨어요. 이 기간이 끝나자 마귀가 예수님께 와서 말했어요.**

마귀 네가 하나님의 아들이라면 이 돌로 떡이 되게 해 봐라!

예수님 성경에는 사람이 떡으로만 사는 것이 아니라, 하나님의 말씀으로 살라고 쓰여 있다.

해설자 **마귀는 예수님을 높은 곳으로 끌고 올라가 온 세상을 보여 주며 말했어요.**

마귀 나에게 경배하면 세상의 모든 힘과 영광을 너에게 줄 것이다!

예수님 성경에는 하나님께 경배하고 오직 그분만을 섬기라고 쓰여 있다.

해설자 **그러자 마귀는 예수님을 예루살렘으로 끌고 가더니 성전 꼭대기에 세우고 말했어요.**

마귀 네가 하나님의 아들이면 여기서 뛰어내려 봐라. 천사들이 너를 붙잡아 줄 것이다!

예수님 성경에는 주 너의 하나님을 시험하지 말라고 쓰여 있다.

해설자 **마귀는 세 가지 시험을 마치고 예수님을 떠나갔어요. 예수님은 성령으로 충만한 모습으로 갈릴리로 돌아오셨어요. 그리고 하나님이 원하시는 일을 시작하셨어요.**

• 묵상 POINT •

세례요한은 자신을 내세우지 않고 오직 예수님만 높이며 겸손하게 행동했어요.

예수님은 마귀의 시험을 하나님의 말씀으로 이기셨어요.
우리는 하나님과 멀어지게 만드는 마귀의 꼬임에 넘어가지 말아야 해요.

• 적용 질문 •

마귀를 대적하기 위해서 나는 어떤 준비를 해야 할까요?

• 기도 •

거룩하신 하나님,
제 안에 있는 이기심과 욕심, 교만함을 없애 주세요.
그동안 하나님이 싫어하시는 말과 행동을 했던 저를 용서해 주세요.
어떤 유혹이 와도 하나님의 말씀 위에 굳건히 서서 승리할 수 있도록 도와주세요.
예수님의 이름으로 기도드립니다. 아멘.

• 가나의 결혼식 •

예수님이 물을 포도주로 바꾸셨어요

본문 누가복음 5장 1~11절, 요한복음 2장 1~12절
등장인물 해설자, 예수님, 베드로, 손님, 하인, 마리아, 잔치 책임자

해설자 **어느 날 예수님은 갈릴리 호수 가까이에 가셨어요. 어부 베드로와 안드레는 그물을 씻고 있었지요. 예수님은 사람들에게 말씀을 전하신 후 베드로에게 얘기하셨어요.**

예수님 호수 깊은 곳으로 가서 그물을 내려 물고기를 잡아 보아라.

베드로 선생님, 저희가 밤새도록 잡으려고 애썼지만, 아무것도 잡지 못했어요. 하지만 선생님 말씀대로 다시 가서 그물을 내릴게요.

해설자 **깊은 곳에서 그물을 내렸다가 들어 올린 베드로는 깜짝 놀랐어요. 물고기가 너무 많이 잡혀서 그물이 찢어질 정도였기 때문이에요. 베드로는 예수님 앞에 엎드렸어요.**

베드로 주님, 저에게서 떠나 주세요. 저는 죄인이에요.

예수님 나를 따라오너라. 이제부터 너는 사람을 낚는 어부가 될 것이다.

해설자 **베드로와 안드레는 그물을 버리고 예수님을 따라갔어요. 예수님은 조금 더 가시다가 아버지와 함께 그물을 손질하고 있는 야고보와 요한을 보고 말씀하셨어요.**

예수님 나를 따라오너라. 내가 너희를 사람 낚는 어부가 되게 할 것이다.

해설자 **야고보와 요한은 아버지와 그물을 두고 예수님을 따라갔어요. 그 후로 예수님은 여덟 명의 제자를 더 세우셨고, 모두 열두 명이 되었어요.**
어느 날, 갈릴리 가나에서 결혼식이 열렸어요. 예수님과 어머니 마리아, 제자들도 초대받았지요. 맛있는 음식과 포도주가 있는 즐거운 잔치였어요. 하인들은 음식을 나르느라 바쁘게 움직였어요.

손님 여기 고기 한 그릇 갖다주세요!

하인 네, 갖다 드릴게요.

손님 여기도 포도주 한 병 갖다주세요!

하인 네, 알겠습니다. 잠시만 기다려 주세요.

해설자 **그런데 갑자기 하인의 표정이 어두워졌어요. 포도주가 다 떨어졌기 때문이죠. 즐거운 잔치 분위기가 깨지게 생겼어요. 예수님의 어머니 마리아는 예수님께 급히 가서 말했어요.**

마리아 예수야, 잔칫집에 포도주가 다 떨어졌다는구나.

예수님 어머니, 아직 제가 일할 때가 되지 않았어요.

해설자 **하지만 마리아는 예수님을 믿고, 하인들에게 말해 놓았어요.**

마리아 예수가 말하는 것은 무엇이든지 그대로 하여라.

해설자 **주변에는 돌로 만든 물 항아리 여섯 개가 놓여 있었어요. 예수님은 하인들에게 말씀하셨어요.**

예수님 저 항아리에 물을 가득 채워라.

해설자 **하인들은 우물에 가서 물을 퍼다가 항아리에 가득 채웠어요.**

예수님 이제 물을 떠서 잔치 책임자에게 갖다주어라.

해설자 **하인들은 예수님 말씀대로 물을 떠서 잔치 책임자에게 갖다주었어요. 그런데 그사이 물이 포도주로 변했어요. 그는 포도주가 어디에서 났는지 알지 못했지만, 물을 가져온 하인들은 알고 있었어요. 잔치 책임자가 신랑에게 말했어요.**

잔치 책임자 보통은 처음에 좋은 포도주를 내오다가 손님들이 취하면 안 좋은 포도주를 내오는데, 당신은 좋은 포도주를 지금까지 남겨 두었군요.

해설자 **그 후로 제자들은 더욱 예수님을 믿고 따르게 되었어요.**

• 묵상 POINT •

예수님은 우리를 제자로 부르실 때, 자격이나 능력을 보지 않으세요.

예수님은 믿음 없는 우리가 예수님을 믿을 수 있도록 표적을 보여 주시는 분이에요.
우리의 어려운 상황을 해결해 주시고 최고의 기쁨을 주시는 예수님을 믿으며 살아요.

• 적용 질문 •

예수님이 말씀하실 때 이해되지 않아도 순종할 마음이 있나요?

• 기도 •

무에서 유를 창조하시는 하나님,
저에게 예수님을 믿을 수 있는 은혜를 주셔서 감사합니다.
부족하고 연약한 저를 예수님의 제자로 삼아 주셔서 감사합니다.
세상의 무엇보다도 예수님을 더 사랑하는 제가 되게 해 주세요.
예수님의 이름으로 기도드립니다. 아멘.

• 수가성 여인 •

우물가에서 예수님을 만났어요

본문 요한복음 4장 3~30절, 39~42절
등장인물 해설자, 예수님, 사마리아 여인

해설자 **예수님과 제자들은 사마리아에 있는 수가라는 마을에 들르셨어요. 제자들은 먹을 것을 사려고 내려갔고, 예수님은 우물가에 앉으셨어요. 가장 더운 시간에 한 여인이 물을 길어 가기 위해 우물에 왔어요. 예수님이 여인에게 말씀하셨어요.**

예수님 나에게 마실 물을 주어라.

해설자 **여인은 깜짝 놀랐어요. 사마리아인을 싫어하는 유대인이 말을 걸었기 때문이에요.**

사마리아 여인 당신은 유대인이고 나는 사마리아인입니다. 그런데 왜 나에게 마실 것을 달라고 하십니까?

예수님 내가 누구인지 안다면 오히려 네가 나에게 생수를 달라고 할 거야. 그러면 내가 생명의 물을 주었을 거란다.

사마리아 여인 선생님에게는 물을 뜰 도구도 없는데, 어디서 생명의 물을 구한다는 말입니까?

예수님 누구든지 우물물을 마시는 사람은 다시 목이 마를 거란다. 그러나 내가 주는 물을 마시는 사람은 영원히 목마르지 않을 것이다.

사마리아 여인 선생님, 저에게도 그 물을 주셔서 다시는 목마르지 않게 해 주세요.

예수님 네 남편을 데리고 오너라.

사마리아 여인 저는 남편이 없습니다.

예수님 네 말이 맞다. 전에는 남편이 여러 명 있었지만 지금은 없구나.

해설자 **예수님은 이 여인을 한 번도 만난 적이 없었지만, 여인에 대해 많은 것을 알고 계셨어요.**

사마리아 여인 제가 보기에 선생님은 예언자신 것 같은데, 유대인들은 예루살렘에서만 예배할 수 있다고 말해요.

예수님 참된 예배자가 영과 진리로 예배할 때가 올 것인데, 그때가 바로 지금이다. 하나님은 이렇게 예배하는 사람들을 찾고 계신단다.

사마리아 여인 구세주가 오시면 우리에게 모든 것을 설명해 주실 거예요.

예수님 내가 바로 구세주다.

해설자 **그때 마을에 갔던 제자들이 돌아왔어요. 제자들은 예수님이 사마리아 여인과 이야기하는 것을 보고 깜짝 놀랐어요. 사마리아 여인은 물 항아리를 버리고, 기쁜 표정으로 마을로 달려가 사람들에게 외쳤어요.**

사마리아 여인 여러분! 제가 어떤 분을 처음 만났는데, 나에 대해 모든 것을 알고 계셨어요. 이분이 정말 구세주가 아닐까요? 여러분도 와서 만나 보세요!

해설자 **마을 사람들은 여인의 말을 듣고 예수님께 왔어요. 그리고 예수님의 말씀을 듣고 더 많은 사마리아인이 예수님을 믿게 되었어요.**

• 묵상 POINT •

예수님은 예배를 간절히 소망했던 한 여인을 찾아가 만나 주셨어요.

진정한 사랑, 영원한 사랑을 주시는 분은 예수님 한 분뿐이에요.
예수님을 만나 갈증이 해결된 사람은 주변 사람에게 예수님을 전하게 되지요.

• 적용 질문 •

매주 예배를 드릴 때 예수님을 만나고 싶은 간절함을 가지고 있나요?

• 기도 •

참된 예배를 기뻐하시는 하나님,
차가운 제 마음을 뜨겁게 예수님을 사랑하는 마음으로 변화시켜 주세요.
형식적이고 습관적인 예배가 아니라
예수님을 만나는 진정한 예배를 드리며 기쁨이 충만하게 해 주세요.
예수님의 이름으로 기도드립니다. 아멘.

· 오병이어 ·

많은 사람을 배부르게 먹이셨어요

본문 마태복음 14장 13~21절
등장인물 해설자, 예수님, 제자들, 빌립, 안드레, 사람들

해설자 **수많은 사람이 예수님이 가시는 곳마다 따라다녔어요. 예수님은 사람들을 보시고, 마치 목자 없는 양처럼 불쌍히 여기셨어요.**

예수님 병든 사람들은 이리로 오너라.

해설자 **예수님은 병든 사람들을 치료해 주시고 하나님 나라 이야기를 해 주셨어요. 많은 사람이 시간 가는 줄도 모르고 예수님의 말씀에 집중했어요.**
어느덧 해가 저물어 저녁 시간이 되자, 사람들은 배가 고프기 시작했어요.

제자들 예수님, 이제 날이 저물어 사람들이 배고플 것 같아요. 사람들을 근처 마을로 보내어 각자 음식을 사 먹게 하는 것이 어떨까요?

예수님 너희가 먹을 것을 주어라.

해설자 **제자들은 몹시 당황했어요. 어른 남자만 5,000명이 되었기 때문이에요. 여자와 어린이까지 합하면 만 명이 넘을 정도였어요. 빌립이 재빨리 계산했어요.**

빌립 예수님, 사람들에게 조금씩 나눠 준다고 해도 200데나리온 어치의 떡이 부족합니다.

해설자 **그 당시 하루 일당이 1데나리온이었으니 200데나리온은 엄청나게 큰돈이었어요. 제자들에게는 그렇게 큰돈이 없었어요.**

예수님 너희에게 떡이 얼마나 있느냐? 가서 알아보아라.

해설자 **제자들은 예수님의 말씀에 순종하여, 음식이 얼마나 있는지 살펴보았어요.**

안드레 예수님, 여기 어린아이의 도시락이 있어요. 그 안에는 보리떡 다섯 개와 물고기 두 마리가 있고요. 사람이 이렇게 많은데, 이 음식이 도움이 될까요?

예수님 사람들을 잔디 위에 백 명씩, 오십 명씩 앉게 하여라.

해설자 **예수님은 보리떡 다섯 개와 물고기 두 마리를 하늘 높이 들고 감사 기도를 하셨어요. 그리고 제자들에게 말씀하셨어요.**

예수님 사람들에게 나누어 주어라.

해설자 **제자들은 말씀에 순종하여 사람들에게 떡과 물고기를 나누어 주었어요. 그러자 놀라운 일이 일어났어요. 사람들에게 음식을 나누어 주고 또 나누어 주어도 음식이 줄어들지 않는 거예요. 음식을 나누어 주는 제자들도, 음식을 받는 사람들도 깜짝 놀랐어요.**

제자들 아니, 이럴 수가! 어떻게 된 일이지?

해설자 **믿을 수 없는 광경에 모두 흥분을 감추지 못했어요. 사람들은 음식을 배부르게 먹고 하나님께 기뻐하며 감사했어요.**

예수님 이제 남은 음식을 버리지 말고 한곳에 모아라.

해설자 **남은 음식을 모았더니 열두 개의 바구니에 가득 찼어요.**

사람들 예수님이야말로 예언자들이 말해 왔던 구세주가 틀림없어! 예수님을 우리의 왕으로 모십시다.

해설자 **예수님은 사람들의 마음을 아시고 혼자 산으로 올라가셨어요.**

• 묵상 POINT •

예수님은 아무것도 없는 곳을 넘치는 축복으로 채워 주세요.

사람들은 호기심으로 예수님께 몰려왔지만, 예수님은 그들에게 최고의 사랑을 보여 주셨어요.
가장 소중한 것을 예수님께 드릴 때 예수님은 기적을 경험하게 해 주세요.

• 적용 질문 •

나는 가족과 친구에게 무엇을 나누어 줄 수 있을까요?

• 기도 •

최고의 사랑을 베풀어 주신 예수님,
우리의 필요를 아시고 때에 따라 필요를 채워 주시니 감사합니다.
물질적인 욕심을 버리고 생명의 떡이신 예수님을 더 사랑하는 제가 되게 해 주세요.
내 것을 이웃과 나누고 베푸는 넉넉한 마음을 갖게 해 주세요.
예수님의 이름으로 기도드립니다. 아멘.

• 예수님의 비유 •

씨 뿌리는 사람 / 돌아온 작은아들

본문 마태복음 13장 1~8절, 18~23절, 누가복음 15장 11~32절
등장인물 해설자, 예수님, 작은아들, 아버지, 큰아들, 하인

해설자 **예수님이 제자들과 함께 갈릴리호숫가에 계실 때 많은 사람이 말씀을 듣기 위해 몰려왔어요. 예수님은 비유를 통해 말씀하셨어요.**

예수님 어떤 농부가 밭에서 씨를 뿌리고 있었단다. '길가'에 떨어진 씨는 사람들에게 밟히고, 새들이 날아와서 모두 먹어 버렸지. 그리고 '돌밭'에 떨어진 씨는 싹이 났지만 바로 시들어 말라 버렸단다. 또 '가시덤불'에 떨어진 씨는 빽빽한 가시 때문에 자라지 못했지. 그리고 '좋은 땅'에 떨어진 씨는 싹이 나고 튼튼하게 자라서 100배, 60배, 30배의 열매를 맺었단다.

해설자 **사람들이 비유의 뜻을 이해하지 못하자, 예수님이 자세히 설명해 주셨어요.**

예수님 씨는 하나님의 말씀이란다. 길가와 같은 사람은 말씀을 들어도 깨닫지 못하는 사람이지. 돌밭과 같은 사람은 말씀을 받아들이지만 어려움이 생기면 넘어지는 사람이야. 가시덤불과 같은 사람은 걱정과 유혹 때문에 열매를 맺지 못하는 사람이란다. 그리고 좋은 땅과 같은 사람은 말씀을 듣고 깨닫는 사람이지. 이런 사람은 100배, 60배, 30배의 열매를 맺게 된다는 뜻이야.

해설자 **예수님이 또 다른 비유를 말씀해 주셨어요.**

예수님 어떤 사람에게 두 명의 아들이 있었는데, 어느 날 작은아들이 아버지에게 말했지.

작은아들 아버지, 아버지가 돌아가신 후에 제가 받을 재산을 지금 미리 주세요.

예수님 아버지는 할 수 없이 두 아들에게 재산을 미리 나누어 주었지. 작은아들은 돈을 들고 멀리 떠나서 흥청망청 놀면서 돈을 다 써 버렸단다. 그런데 하필이면 마을에 흉년이 들어서 먹을 것이 없어졌지.

작은아들 돈도 없고 먹을 것도 다 떨어졌네. 이러다가 굶어 죽겠어. 어떡하지? 아무래도 남의 집에서 돼지 돌보는 일이라도 해야겠어.

예수님 작은아들은 너무 배가 고파서 돼지가 먹는 쥐엄나무 열매라도 먹고 싶었지만, 그마저도 주는 사람이 없었단다. 그러다가 정신이 번쩍 들었지.

작은아들 아버지 집에는 일꾼조차 음식을 실컷 먹고도 남는데, 나는 여기서 굶어 죽게 생겼잖아. 이러고 있을 게 아니라 아버지한테 가서 용서를 구하고 나를 일꾼으로 써 달라고 해야겠어.

예수님 작은아들은 아버지가 있는 집으로 돌아갔지. 멀리서 걸어오는 작은아들을 본 아버지는 한걸음에 달려 나와 그를 끌어안고 입을 맞추며 기뻐했단다.

작은아들 아버지, 저는 하나님과 아버지 앞에 죄를 지었어요. 저는 아들이라고 불릴 자격이 없어요.

예수님 하지만 아버지는 하인들에게 말했지.

아버지 얘들아! 어서 가장 좋은 옷과 신발을 가져와서 아들에게 주고, 반지를 끼워라. 그리고 살진 송아지로 맛있는 식사를 준비하여라. 우리 함께 즐거운 잔치를 벌이자. 내 아들이 죽었다가 다시 살아났고, 잃어버렸다가 다시 찾았구나.

예수님 아버지는 매우 기뻐하며 잔치를 벌였단다. 그런데 밭에서 일하고 돌아온 큰아들이 잔치 소리를 듣고 하인에게 물었지.

큰아들 이게 무슨 소리냐? 잔치라도 벌였느냐?

하인 네, 동생이 오셔서요. 주인께서 기뻐하시며 송아지를 잡으라고 하셨어요.

큰아들 뭐라고? 난 집에 들어가지 않을 거야!

예수님 아버지는 화가 난 큰아들을 달래기 위해 밖으로 나왔지.

큰아들 아버지! 저는 지금껏 아버지 말씀에 순종하며 살았지만, 염소 새끼 한 마리도 주지 않으셨어요. 그런데 집을 나가서 자기 마음대로 살던 아들이 돌아왔다고 살진 송아지를 잡으시다니 서운해요!

아버지 아들아, 너는 나와 함께 있었으니 내 모든 것이 네 거란다. 네 동생을 잃었다가 다시 찾았으니 지금은 우리가 기뻐하고 즐거워하는 것이 당연한 거야.

• 묵상 POINT •

예수님은 사람들이 이해하기 쉽도록 비유를 통해 천국 비밀을 가르쳐 주셨어요.

하나님의 말씀을 마음에 받아들인 사람은 좋은 열매를 맺게 되지요.
하나님은 우리가 잘못했더라도 진실한 마음으로 돌아오면 크신 사랑으로 용서해 주세요.

• 적용 질문 •

내가 가진 것을 감사하지 않고 다른 사람과 비교하면서 불평한 적이 있었나요?

• 기도 •

크신 사랑으로 품어 주시는 하나님,
우리에게 천국의 비밀을 알려 주셔서 감사합니다.
말씀을 들을 때마다 하나님의 뜻을 깨닫고 이해하게 해 주세요.
하나님 아버지의 마음을 바르게 알고,
하나님께 기쁨을 드리는 제가 되게 해 주세요.
예수님의 이름으로 기도드립니다. 아멘.

• 병 고침 •

중풍병자와 시각장애인을 고치셨어요

본문 마가복음 2장 1~12절, 요한복음 9장 1~12절, 33절
등장인물 해설자, 친구1, 친구2, 율법학자, 예수님, 제자들, 시각장애인, 사람들

해설자 **예수님이 가버나움에 들어가시자 많은 사람이 예수님을 보기 위해 몰려왔어요. 그 마을에는 중풍병자와 네 명의 친구들이 살고 있었어요.**

친구1 그 얘기 들었어? 우리 마을에 예수님이 오셨대.

친구2 나도 들었어. 그분은 못 고치는 병이 없나던데? 분명히 친구의 중풍병도 고치실 거야.

친구1 얼른 데리고 가 보자!

해설자 **네 명의 친구는 중풍병에 걸려 못 움직이는 친구를 들것에 눕혔어요. 그리고 예수님이 계신 집으로 데려갔어요.**

친구2 이런…. 어떡하지? 사람들이 꽉 차 있어서 예수님께 가까이 갈 수가 없네.

친구1 예수님이 정말 대단하신 분인가 봐. 여기까지 왔는데 그냥 돌아갈 수는 없어.

친구2 좋은 생각이 있어! 지붕으로 올라가서 구멍을 내고 들것을 내리는 거야!

해설자 **네 명의 친구는 들것을 들고 조심조심 지붕 위로 올라갔어요. 그리고 지붕을 하나둘 뜯어내기 시작했어요. 어느새 큰 구멍이 생겼고, 친구가 누운 들것을 예수님 앞으로 내렸어요. 친구들의 믿음을 보신 예수님이 중풍병자에게 말씀하셨어요.**

예수님 너의 죄가 용서를 받았단다.

해설자 **모인 사람 중에는 예수님을 믿지 않는 율법학자들도 있었어요. 그들은 속으로 생각했어요.**

율법학자 죄를 용서하는 것은 하나님만 하실 수 있는데, 어떻게 저런 말을 하지? 자기가 하나님인 줄 아나?

해설자 **예수님은 율법학자들이 속으로 생각한 것까지 아시고 말씀하셨어요.**

예수님 왜 그런 생각을 하느냐? 죄를 용서받았다고 말하는 것보다 일어나 걸어가라고 말하는 것이 더 쉽다. 하지만 나에게 죄를 용서하는 능력이 있다는 것을 알리기 위해 그렇게 말한 것이다.

해설자 **예수님이 중풍병자를 보시고 말씀하셨어요.**

예수님 일어나서 들것을 가지고 집으로 가거라.

해설자 **그러자 중풍병자는 모든 사람이 보는 앞에서 걸어 나갔어요. 기적을 본 사람들은 깜짝 놀라며 하나님을 찬양했어요.**
어느 날, 예수님이 제자들과 함께 예루살렘을 걷고 있었어요. 그때 태어날 때부터 앞을 못 보는 시각장애인을 만났어요. 제자들이 예수님께 물어보았어요.

제자들 예수님, 이 사람이 앞을 못 보는 것은 누구의 죄 때문인가요? 자기의 죄 때문인가요, 아니면 부모의 죄 때문인가요?

예수님 누구의 잘못도 아니란다. 이 사람을 통해 하나님이 일하시고 기적을 베푸실 거야. 나는 세상의 빛이란다.

해설자 **말씀을 마친 예수님은 땅에 침을 뱉어서 진흙을 만드셨어요. 그리고 그 진흙을 시각장애인의 눈에 바르시더니 이렇게 말씀하셨어요.**

예수님 이제 실로암 연못에 가서 씻어라.

해설자 **그는 더듬거리며 실로암 연못으로 가서 눈에 묻은 진흙을 씻어 냈어요. 그러자 놀랍게도 앞이 보이기 시작했어요.**

시각장애인 어? 어떻게 된 거지? 앞이 보인다, 보여!

사람들 당신! 여기 앉아서 구걸하던 사람 맞아요? 어떻게 눈을 뜨게 된 거죠?

시각장애인 네, 맞아요. 내가 앞을 보지 못하던 그 사람이에요!

사람들 도대체 어떻게 눈을 뜨게 된 거예요?

시각장애인 예수라는 분이 하라는 대로 했더니 앞을 보게 되었어요!

사람들 예수? 그 사람은 지금 어디에 있어요?

시각장애인 모르겠어요. 하지만 하나님이 보내신 분이 아니면 이 일을 할 수 없다는 것은 알아요.

• 묵상 POINT •

예수님은 병을 고치는 능력과 죄를 씻는 능력을 다 가지고 계세요.

하나님은 믿음과 간절함으로 하는 기도에 기적적인 방법으로 응답해 주세요.
자존심을 내려놓고 예수님 말씀에 겸손히 순종하는 사람은 영적인 눈을 뜨게 되지요.

• 적용 질문 •

몸이 아팠다가 기도로 나았던 경험이 있나요?

• 기도 •

모든 병을 치유하시는 하나님,
절망과 낙심 가운데 있는 사람들을 찾아가 주시고 만나 주세요.
그들에게 새로운 힘을 주셔서 소망을 가지고 일어서게 해 주세요.
저의 영적인 눈을 뜨게 해 주셔서 하나님을 보게 해 주세요.
예수님의 이름으로 기도드립니다. 아멘.

• 나사로 •

예수님이 죽은 자를 살리셨어요

본문 요한복음 11장 1~44절
등장인물 해설자, 전하는 사람, 제자들, 예수님, 마르다, 마리아, 사람들

해설자 **베다니에 사는 나사로가 병에 걸렸어요. 그는 마리아와 마르다의 오빠예요. 자매는 예수님께 사람을 보내어 나사로의 소식을 전했어요.**

전하는 사람 예수님이 사랑하시는 나사로가 죽을병에 걸렸다고 합니다.

예수님 이 병은 죽을병이 아니라 하나님의 영광을 위한 것이다.

해설자 **예수님은 나사로가 아프다는 소식을 듣고도 이틀을 더 보내셨어요. 그리고 제자들에게 말씀하셨어요.**

예수님 다시 유대 땅으로 가자.

제자들 조금 전에 유대인들이 주님을 돌로 죽이려고 했는데, 왜 다시 돌아가세요?

예수님 낮에 걸어 다니면 빛을 보기 때문에 넘어지지 않는단다. 내 친구 나사로가 깊이 잠들었으니, 그를 깨우러 가자.

제자들 예수님, 나사로가 잠들었다면 깨어날 거예요.

해설자 **예수님은 나사로가 죽은 것을 말씀하셨지만, 제자들은 나사로가 정말 잠을 자고 있다고 생각했어요.**

예수님 나사로가 죽었으니 이제 그에게로 가자.

해설자 **예수님이 나사로의 집에 도착했을 때는 이미 나사로가 죽어서 무덤에 있은 지 4일째 되는 날이었어요. 많은 사람이 마르다와 마리아를 위로하러 왔어요. 마르다는 예수님이 오신다는 소식에 마중을 나가고, 마리아는 집에 있었어요.**

마르다 예수님, 예수님이 여기 계셨더라면 오빠가 죽지 않았을 거예요. 하지만 지금이라도 하나님께 구하시면 응답해 주실 것을 믿어요.

예수님 네 오빠가 다시 살아날 거야.

마르다 네. 마지막 날, 부활의 때에 오빠가 다시 살아날 거라고 믿어요.

예수님 나는 부활이고 생명이란다. 나를 믿는 사람은 죽어도 살 것이며, 살아서 나를 믿는 사람은 누구든지 죽지 않을 거야. 네가 이 말을 믿느냐?

마르다 네. 저는 예수님이 그리스도시며, 세상에 오시기로 한 하나님의 아들이심을 믿어요.

해설자 **마르다는 집으로 돌아가서 마리아에게 말했어요.**

마르다 마리아! 예수님이 오셨어.

해설자 **마리아는 곧바로 일어나서 예수님께로 갔고, 예수님을 보자마자 발아래 엎드리며 말했어요.**

마리아 예수님, 예수님이 여기에 계셨더라면 오빠가 죽지 않았을 거예요.

해설자 **예수님은 마리아와 뒤따라 나온 사람들이 우는 것을 보시고 마음이 아프셨어요.**

예수님 나사로는 어디에 있느냐?

사람들 이쪽에 있습니다.

해설자 **예수님이 눈물을 흘리시자, 사람들은 '예수님이 나사로를 많이 사랑하셨구나. 그런데 예수님이 일찍 오셨더라면 나사로가 죽지 않았을 텐데'라고 생각했어요. 예수님은 슬픈 마음으로 나사로의 무덤에 가셨어요.**

예수님 무덤을 막은 돌을 옮겨 놓아라!

마르다 예수님, 오빠가 무덤에 있은 지 4일이나 되어 냄새가 심하게 날 거예요.

예수님 네가 이 일을 믿으면 하나님의 영광을 볼 수 있을 거야.

해설자 **사람들이 돌을 옮기자, 예수님이 하늘을 보시며 말씀하셨어요.**

예수님 나사로야! 나오너라!

해설자 **그러자 놀랍게도 죽은 나사로가 밖으로 나왔어요. 그의 손과 발, 얼굴은 천으로 감겨 있었어요.**

예수님 천을 풀어 주어라.

해설자 **죽었던 나사로가 다시 살아난 거예요. 그곳에 있던 유대인들은 이 놀라운 광경을 보고 예수님을 믿게 되었어요.**

• 묵상 POINT •

예수님은 우리의 고통과 슬픔을 외면하지 않고 공감해 주세요.

예수님에 대해 아는 것만으로는 구원받을 수 없고, 예수님을 믿어야만 구원받을 수 있어요.
우리의 생명을 주관하시는 분은 바로 하나님이세요.

• 적용 질문 •

주변 사람이 슬픈 일을 겪을 때 어떻게 도울 수 있을까요?

• 기도 •

부활이요, 생명이신 예수님,
영원한 생명을 허락해 주시니 감사합니다.
슬프고 힘든 일을 겪을 때 예수님께 가장 먼저 달려가는 제가 되게 해 주세요.
합력하여 선을 이루시는 하나님을 신뢰하며 살게 해 주세요.
예수님의 이름으로 기도드립니다. 아멘.

• 삭개오 •

뽕나무에 올라가서 예수님을 만났어요

본문 누가복음 19장 1~10절

등장인물 해설자, 예수님, 삭개오, 사람1, 사람2

해설자 **여리고 마을에 세리 삭개오가 살고 있었어요. 세리는 백성에게서 세금을 걷는 사람이에요. 사람들은 욕심 많고 자기밖에 모르는 삭개오를 싫어했어요. 그래서 삭개오를 죄인이라며 손가락질하고 수군거렸어요. 삭개오는 친구가 없어서 늘 외로웠어요. 그러던 어느 날, 삭개오는 사람들이 하는 말을 들었어요.**

사람1 그 소식 들었어? 우리 마을에 예수님이 오셨대!

사람2 모든 병을 기적같이 고치신다는 그분 말이야? 나도 꼭 만나고 싶었어.

사람1 지금 가려는 참인데 같이 가 보자.

해설자 **예수님이 계신 곳에는 벌써 사람들이 가득 모여 있었어요. 삭개오도 예수님이 보고 싶어서 사람들이 모인 곳으로 갔어요. 그런데 키가 작은 삭개오는 예수님을 볼 수가 없었어요.**

삭개오 예수님이 전혀 보이지 않네. 어떡하지…….

해설자 **주위를 둘러보던 삭개오는 뽕나무를 발견했어요.**

삭개오 그렇지! 저 나무에 올라가면 예수님을 볼 수 있겠네.

해설자 **삭개오는 예수님을 보기 위해 뽕나무에 기어 올라갔어요.**

삭개오 영차영차! 와~ 여기 올라오니 멀리 잘 보이네. 저분이 예수님이구나.

해설자 **삭개오를 발견한 예수님이 그에게 가까이 다가오셨어요. 그리고 삭개오를 쳐다보시며 말씀하셨어요.**

예수님 삭개오야, 어서 내려오너라. 오늘 내가 네 집에서 쉬어야겠구나.

삭개오 네? 저희 집에서요?

해설자 **놀란 삭개오는 얼른 내려와서 예수님을 기쁘게 맞이했어요. 하지만 사람들은 수군거렸어요.**

사람1 예수님이 삭개오의 집에 가신다고? 많고 많은 집 중에서 왜 하필 욕심쟁이 삭개오의 집이야?

사람2 그러게. 모두가 미워하는 죄인의 집에 가신다니 이해가 안 되는데?

해설자 **예수님이 삭개오 집으로 들어가시자 삭개오가 먼저 말했어요.**

삭개오 예수님, 저희 집에 와 주셔서 너무 기뻐요. 그동안 저는 세금을 많이 거두고 가난한 사람의 돈까지 빼앗았어요. 저를 용서해 주세요. 이제 재산의 절반을 이웃에게 나누어 줄래요. 그리고 누군가를 속여서 받은 돈은 네 배로 돌려주고 싶어요.

예수님 삭개오야, 네가 그런 결심을 했다니 기쁘구나. 오늘 이 집에 구원이 찾아왔단다. 나는 잃어버린 사람을 구원하기 위해 이 세상에 온 거야.

• 묵상 POINT •

예수님은 한 생명을 소중하게 여기시며 잃어버린 영혼을 끝까지 찾으세요.

예수님은 우리의 이름을 부르시고 의미 있는 삶을 살도록 해 주세요.
삭개오처럼 욕심 많은 사람도 예수님을 만나면 나누는 사람으로 변화되어요.

• 적용 질문 •

예수님보다 더 소중하게 생각했던 것이 있었다면 무엇이었나요?

• 기도 •

우리의 마음을 아시는 하나님,
저의 부족한 모습까지 사랑해 주셔서 감사합니다.
하나님께 받은 은혜와 기쁨을 나누는 사람이 되게 해 주세요.
삭개오처럼 예수님의 말씀대로 순종하는 제가 되게 해 주세요.
예수님의 이름으로 기도드립니다. 아멘.

30

· 예루살렘 입성 ·

호산나! 이스라엘의 왕으로 오셨어요

본문 마태복음 21장 1~17절
등장인물 해설자, 예수님, 제자들, 사람들

해설자 **이스라엘의 큰 명절인 유월절을 지내기 위해 예수님과 제자들이 예루살렘으로 가고 있었어요. 그때 예수님이 두 제자를 보내시며 말씀하셨어요.**

예수님 얘들아, 맞은편 마을로 가면 나귀 한 마리가 새끼 나귀와 함께 묶여 있을 거야. 그 나귀들을 풀어서 이리로 끌고 오너라. 누가 왜 가져가냐고 물으면 '주님께서 필요하시대요'라고 대답하렴.

해설자 **제자들은 예수님의 말씀대로 나귀들을 끌고 왔어요. 그리고 겉옷을 벗어 나귀의 등에 펼쳤어요.**

제자들 예수님, 나귀 등에 올라타세요.

해설자 **예수님이 나귀를 타고 예루살렘으로 들어가시자, 사람들이 자기 겉옷을 벗어서 예수님이 가시는 길에 깔았어요. 어떤 사람들은 종려나무 가지를 꺾어서 길에 깔기도 하고, 어떤 사람들은 종려나무 가지를 흔들며 외쳤어요.**

사람들 다윗의 아들에게 호산나! 주님의 이름으로 오시는 분에게 하나님의 복이 있도다! 높은 곳에서 호산나!

해설자 **사람들은 기뻐하며 예수님을 환영했어요. 예수님을 모르는 사람들은 도대체 예수님이 누구길래 이렇게 기뻐하는지 궁금해했어요.**

사람들 이분은 갈릴리 나사렛에서 오신 예수라는 예언자예요.

해설자 **이스라엘 사람들은 로마로부터 자신들을 구해 줄 왕을 기다리고 있었어요. 예수님이 그 왕이 되리라 생각하고 환영한 거예요.**

그 후, 예수님은 예루살렘 성전 안에 들어가셨다가 물건을 사고파는 사람들을 보고 화가 나셨어요. 예수님은 돈 바꿔 주는 사람의 책상과 비둘기를 파는 사람의 의자를 뒤집어엎으며 큰 소리로 말씀하셨어요.

예수님 내 집은 기도하는 집이다! 그런데 너희가 이곳을 강도의 소굴로 바꾸어 버렸구나!

해설자 **예수님은 더러워진 성전을 깨끗하게 하셨어요. 예수님의 소문이 퍼지자 눈이 안 보이는 사람들과 다리를 절뚝거리는 사람들이 성전으로 찾아왔어요. 예수님은 그들을 불쌍히 여기시며 병을 고쳐 주셨어요.**

예수님의 인기가 많아지자 대제사장과 율법학자들은 시기와 질투를 하기 시작했어요. 사람들이 자신의 말을 듣지 않고 예수님의 말만 따를까 봐 두려웠기 때문이에요. 이들은 어떻게 하면 예수님을 없앨 수 있을지 방법을 찾기 시작했어요.

• 묵상 POINT •

예수님은 우리를 죄에서 구원하실 왕으로 이 세상에 오셨어요.

하지만 사람들은 예수님이 누구신지, 이 땅에 왜 오셨는지 알지 못했어요.
성전은 기도하고 예배하는 곳이지, 우리의 유익을 위한 곳이 아니에요.

• 적용 질문 •

내 몸이 하나님이 계시는 거룩한 성전인 것을 알고 있나요?

• 기도 •

이 세상에 구원의 왕으로 오신 예수님,
주님의 이름을 찬양합니다.
제 삶에 찾아오셔서 저를 거룩한 성전으로 삼아 주시고 다스려 주시니 감사합니다.
왕이신 예수님을 높이며 어느 곳에 있든지 신실한 예배자로 살게 해 주세요.
예수님의 이름으로 기도드립니다. 아멘.

31

• 마지막 저녁 식사 •

제자들의 발을 씻기시고 음식을 나누어 주셨어요

본문 요한복음 13장 1~35절, 마태복음 26장 26~30절
등장인물 해설자, 예수님, 요한, 베드로

해설자 **예수님과 제자들이 유월절 식사를 하고 있었어요. 이제 곧 하나님께 돌아갈 것을 아신 예수님은 식사 중에 겉옷을 벗고 수건을 허리에 두르셨어요. 그리고 대야에 물을 담아 오셨어요.**

예수님 내가 너희의 발을 씻겨 줄 테니 한 명씩 나오너라.

해설자 **예수님은 제자들의 발을 정성껏 씻겨 주시고 수건으로 닦으셨어요. 베드로의 차례가 되었을 때 그는 예수님께 질문했어요.**

베드로 예수님, 정말 제 더러운 발을 씻기실 거예요?

예수님 그래. 네가 지금은 내 행동을 이해하지 못하겠지만 나중에는 알게 될 거란다.

베드로 안 돼요. 제 발은 씻기지 마세요!

예수님 내가 네 발을 씻겨 주지 않으면 너는 나와 상관없는 사람이야.

베드로 아……. 그렇다면 제 손과 머리도 씻겨 주세요!

예수님 이미 목욕한 사람은 온몸이 깨끗하니 발만 씻으면 된단다. 너희는 깨끗하지만, 모든 사람이 깨끗한 것은 아니야.

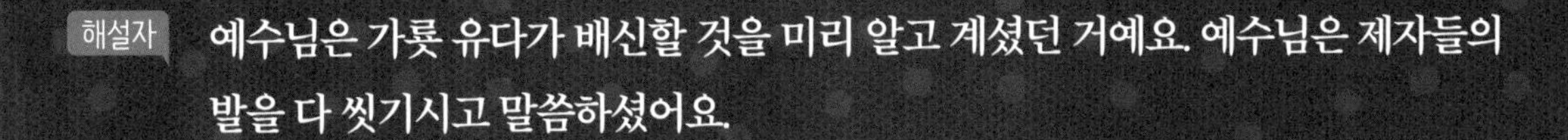

해설자 **예수님은 가룟 유다가 배신할 것을 미리 알고 계셨던 거예요. 예수님은 제자들의 발을 다 씻기시고 말씀하셨어요.**

예수님 사랑하는 제자들아, 내가 너희들의 발을 왜 씻겨 주었는지 아느냐? 너희는 나를 '선생님' 또는 '주님'이라고 부르는데, 너희 말이 맞아. 내가 너희 발을 씻겼으니, 너희도 서로 발을 씻겨 주어야 해. 너희가 이렇게 행동하면 하나님이 너희에게 복을 주실 거야. 너희가 똑같이 행하게 하려고 내가 본을 보인 거란다.

해설자 **예수님은 괴로워하며 말씀하셨어요.**

예수님 너희 중 한 사람이 나를 배신한단다.

요한 예수님, 그 사람이 누구예요?

예수님 내가 이 빵을 적셔서 주는 사람이야.

해설자 **예수님은 빵조각을 적셔 가룟 유다에게 주며 말씀하셨어요.**

예수님 네가 하려는 일을 빨리하여라!

해설자 **제자들은 이 말씀이 무슨 뜻인지 이해하지 못했어요. 그러나 유다는 빵을 들고 밖으로 나갔어요. 예수님이 제자들에게 말씀하셨어요.**

예수님 나는 곧 너희가 올 수 없는 곳으로 떠날 거야. 내가 너희를 사랑한 것같이 너희도 서로 사랑하여라. 너희가 서로 사랑하면 사람들이 너희가 내 제자인 줄 알 거야.

해설자 **예수님은 빵을 높이 들고 감사 기도를 하셨어요. 그리고 빵을 떼어 제자들에게 나눠 주며 말씀하셨어요.**

예수님 받아먹어라. 이것은 내 몸이란다.

해설자 **또 예수님은 포도주 잔을 들고 기도하시고 제자들에게 나눠 주셨어요.**

예수님 모두 마셔라. 이것은 죄를 용서하기 위해 흘린 나의 피란다. 이제 너희는 빵과 포도주를 먹고 마시며 나를 기억하여라.

해설자 **예수님과 제자들은 찬송을 부르며 감람산으로 올라갔어요.**

• 묵상 POINT •

예수님은 우리에게 제자로서 서로 사랑하며 섬기라고 말씀하세요.

예수님을 믿는 우리는 예수님 안에서 한 몸이며 한 가족이에요.
마귀는 예수님보다 다른 것을 더 사랑하도록 우리를 유혹해요.

• 적용 질문 •

나는 예수님을 사랑하고 따르는 제자인가요?

• 기도 •

우리의 갈 길을 인도하시는 하나님,
저의 마음이 예수님만 향하게 해 주세요.
예수님보다 더 사랑하는 것이 생기지 않게 해 주시고,
충성스러운 제자가 되게 해 주세요.
예수님 말씀을 따라 이웃을 사랑하며 섬기게 해 주세요.
예수님의 이름으로 기도드립니다. 아멘.

• 고난과 죽으심 •

예수님이 십자가에서 죽으셨어요

본문 마태복음 26장 36~56절, 27장 1~56절
등장인물 해설자, 예수님, 대제사장과 장로들, 빌라도, 군사들

해설자 **예수님이 베드로와 야고보와 요한을 데리고 겟세마네 동산에 올라가셨어요.**

예수님 마음이 너무 괴롭구나. 너희는 깨어서 나를 기다리고 있어라.

해설자 **예수님은 약간 떨어진 곳에 가셔서 얼굴을 땅에 대고 기도하셨어요.**

예수님 아버지, 가능하다면 이 고난이 나에게서 지나가게 하소서. 하지만 내 뜻이 아닌 아버지의 뜻대로 되게 하소서.

해설자 **예수님이 기도를 마치고 내려오시니 제자들이 자고 있었어요. 예수님은 제자들을 깨우며 말씀하셨어요.**

예수님 너희는 깨어서 시험에 빠지지 않도록 기도하여라. 일어나라. 이제 내가 잡혀갈 때가 되었구나.

해설자 **그때 대제사장과 장로들이 보낸 사람들이 막대기와 칼을 들고 왔어요. 그중에는 가룟 유다도 있었어요. 가룟 유다가 미리 정한 신호대로 예수님께 입을 맞추자 사람들이 예수님을 붙잡아 갔어요. 가룟 유다가 은전 30개에 예수님을 넘긴 거예요.**

예수님은 로마 총독 본디오 빌라도에게 끌려가셨고, 제자들은 겁이 나서 모두 도망치고 말았어요.

대제사장과 장로들 총독님, 이 사람이 자기가 유대인의 왕이라고 떠들고 다닙니다. 이 사람에게 가장 큰 벌을 내려 주십시오.

해설자 **빌라도가 예수님을 쳐다보며 물었어요.**

빌라도 네가 유대인의 왕이냐?

예수님 네 말이 맞다. 나는 진리를 증거하려고 이 세상에 왔느니라.

해설자 **빌라도는 아무 변명도 하지 않는 예수님을 이상하게 생각했어요. 그때 많은 사람이 몰려와서 예수님을 십자가에 매달아 죽이라고 소리쳤어요. 십자가는 가장 나쁜 죄를 지은 사람에게 주는 벌이었어요. 빌라도가 사람들에게 물어보았어요.**

빌라도 예수를 십자가에 매달아야 하는 이유가 무엇이오? 어떤 악한 일을 했소?

해설자 **사람들은 예수님이 하나님을 욕되게 했다고 소리쳤어요. 빌라도는 자신이 피해를 입을까 봐 두려워졌어요. 그래서 예수님을 십자가에 매달라고 판결했어요.**

군사들은 예수님께 붉은 옷을 입히고 가시관을 씌운 후 놀려 댔어요.

군사들 유대인의 왕, 만세! 하하하.

해설자 **군사들은 다시 예수님의 옷을 갈아입히고 채찍으로 때렸어요. 그리고 예수님을 골고다 언덕까지 끌고 갔어요. 그곳에서 예수님을 십자가에 못 박고, '유대인의 왕 예수'라는 죄 패를 붙였어요.**

군사들 우리 제비를 뽑아서 저 사람의 옷을 나눠 갖자!

해설자 **군사들은 옷을 나눈 후 앉아서 예수님을 지켜보았어요. 십자가 옆에는 어머니와 이모, 글로바의 아내 마리아와 막달라 마리아가 있었어요. 십자가에 매달린 예수님은 사랑의 눈으로 어머니 마리아를 바라보며 말씀하셨어요.**

예수님 어머니, 보세요. 당신의 아들이에요.

해설자 **예수님은 요한에게 어머니를 부탁하시고 힘없이 말씀하셨어요.**

예수님 내가 목마르다. 다 이루었다.

해설자 **그때 갑자기 하늘이 캄캄해지더니 낮 12시부터 오후 3시까지 온 땅이 어둠에 덮였어요. 예수님이 큰 소리로 말씀하셨어요.**

예수님 아버지! 나를 아버지 손에 맡깁니다.

해설자 **예수님이 죽으시자, 성전 안에 있는 큰 휘장이 위에서부터 아래로 찢어졌어요. 땅이 흔들리고 바위들이 쪼개졌어요. 이 장면을 목격한 군사들은 두려워 떨며 말했어요.**

군사들 이 사람이 진짜 하나님의 아들이었나 봐!

해설자 **예수님을 사랑하여 골고다까지 따라왔던 여인들은 예수님의 죽음을 슬퍼하며 울었어요.**

• 묵상 POINT •

예수님은 힘든 일을 앞두고 먼저 하나님께 무릎 꿇고 기도했어요.

예수님은 나에게 영원한 생명을 주시기 위해 고통을 참고 죽기까지 하셨어요.
내가 슬픈 일이나 어려운 일을 겪을 때 하나님은 언제나 나와 함께하시며 도와주세요.

• 적용 질문 •

죄인이었던 나는 예수님 덕분에 누구의 자녀가 되었나요?

• 기도 •

십자가에서 죽으실 정도로 나를 사랑해 주신 예수님,
은혜에 감사드립니다.
예수님의 한없는 사랑을 기억하며 죄를 멀리하게 해 주세요.
매일 하나님의 자녀로서 하나님을 기뻐하며 살도록 해 주세요.
예수님의 이름으로 기도드립니다. 아멘.

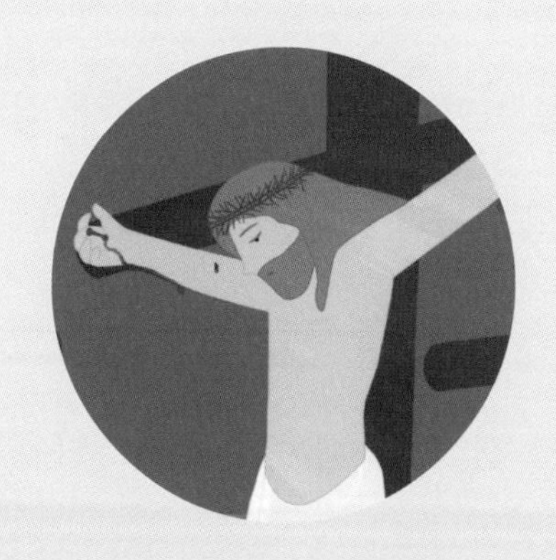

• 부활과 승천 •

다시 살아나신 예수님이 하늘로 올라가셨어요

본문 마가복음 16장, 요한복음 20장 11~18절, 누가복음 24장 36~40절, 사도행전 1장 4~11절
등장인물 해설자, 막달라 마리아, 야고보의 어머니, 살로메, 천사, 예수님

해설자 **예수님이 돌아가신 지 3일째 되는 날 새벽, 막달라 마리아와 야고보의 어머니, 살로메 등 여인들이 예수님의 무덤으로 갔어요. 예수님의 시신에 향품을 바르기 위해서였어요.**

막달라 마리아 무덤 입구를 막은 큰 돌은 어떻게 옮기죠?

해설자 **그런데 멀리서 보니, 커다란 돌이 옮겨져 무덤 입구가 열려 있었어요. 여인들은 깜짝 놀랐어요.**

야고보의 어머니 아니, 도대체 어떻게 된 거예요? 우리보다 먼저 다녀간 사람이 있었을까요? 빨리 무덤으로 가 봐요.

해설자 **서둘러 무덤으로 뛰어간 여인들은 무덤 안을 살펴보았어요.**

살로메 어머나! 예수님의 시신이 없어졌어요!

해설자 **그때 흰옷을 입은 천사가 오른쪽에 앉아서 말했어요.**

천사 무서워하지 마라. 십자가에서 죽으신 예수님을 찾고 있느냐? 그분은 말씀하셨던 대로 다시 살아나셨난다. 너희는 빨리 가서 제자들에게 이 소식을 전하여라. 그리고 갈릴리로 가면 예수님을 만날 수 있다고 말하여라.

해설자 **여인들은 제자들에게 달려가 예수님이 살아나셨다고 말했어요. 베드로와 요한은 무덤으로 달려와 예수님의 시신이 없는 것을 확인했어요. 하지만 예수님의 부활은 믿기 힘들었어요.**

막달라 마리아 예수님이 부활하셨다니 믿어지지 않아. 누군가 예수님의 시신을 훔쳐 간 것이 틀림없어. 흐흑흑….

예수님 왜 울고 있느냐?

막달라 마리아 동산지기님, 예수님의 시신을 어디로 옮겼는지 알려 주세요.

예수님 마리아야!

막달라 마리아 어? 예수님?!

예수님 그래. 네가 찾는 사람이 바로 나란다. 슬퍼하지 마라. 너는 사람들에게 내가 다시 살아난 소식을 전하여라.

막달라 마리아 네, 예수님!

해설자 **그 후, 예수님은 엠마오로 가던 두 제자를 만나 주셨어요. 제자들은 너무나 기뻐서 오던 길을 되돌아가 다른 제자들에게 예수님 만난 이야기를 했어요. 하지만 아무도 믿지 않았어요. 그 후 예수님은 제자들이 모인 곳에 나타나셔서 말씀하셨어요.**

예수님 왜 의심하느냐? 나를 만져 보아라. 보지 않고도 믿는 사람은 복이 있단다.

해설자 **제자들은 예수님을 보고 나서야 믿을 수가 있었어요. 그리고 다시 만난 것을 매우 기뻐했어요. 예수님은 40일 동안 제자들과 함께 지내시며 하나님 나라에 대해 말씀해 주셨어요.**

예수님 너희는 예루살렘을 떠나지 말고 하나님의 선물을 기다려라. 요한은 물로 세례를 주었지만, 이제 성령으로 세례를 받을 것이다. 성령이 너희에게 오시면 너희는 능력을 받아 예루살렘과 온 유대와 사마리아와 땅끝까지 내 증인이 될 거란다.

해설자 **그 후 예수님은 제자들이 보는 앞에서 하늘로 올라가셨어요. 제자들은 예수님이 보이지 않을 때까지 계속 하늘을 쳐다보았어요. 그때 흰옷 입은 두 천사가 나타나 말했어요.**

천사 왜 하늘을 쳐다보느냐? 하늘로 올라가신 예수님은 너희가 본 그대로 다시 오실 것이다.

• 묵상 POINT •

부활하신 예수님은 사람들을 만나시며 믿음을 갖게 하셨어요.

하늘로 올라가신 예수님은 다시 오겠다고 약속하셨어요.
영원한 생명과 최고의 기쁨이 있는 하나님 나라를 소망하며 살아요.

• 적용 질문 •

다시 오실 예수님을 어떤 모습으로 기다리면 좋을까요?

• 기도 •

부활하신 예수님,
저에게 영원한 생명을 주셔서 감사합니다.
죽음을 이기신 예수님처럼 날마다 죄의 유혹을 이기게 해 주세요.
보지 않고도 믿을 수 있는 신실한 믿음을 주시고,
하나님 나라를 소망하며 살게 해 주세요.
예수님의 이름으로 기도드립니다. 아멘.

· 성령님 ·

성령을 받고 예수님의 증인이 되었어요

본문 사도행전 2장, 3장 1~16절
등장인물 해설자, 사람1, 사람2, 사람3, 베드로, 걷지 못하는 사람

해설자 **제자들과 예수님을 믿는 사람들이 어느 집에 모여서 기도하고 있었어요. 그때 갑자기 하늘에서 강한 바람 소리가 나더니 불꽃이 각 사람 머리 위에 나타났어요. 모두가 성령으로 충만해져서 다른 나라 말을 하기 시작했어요.**

사람1 왜 이렇게 시끄럽지? 이게 어느 나라 말이야?

사람2 저기 좀 봐! 모두 갈릴리 사람들인데, 어떻게 우리가 사는 곳의 말을 하는 거야?

해설자 **놀라운 광경에 사람들은 어리둥절했어요. 어떤 사람은 술에 취한 것이 아니냐고 놀렸어요. 그때 베드로가 일어서서 큰 목소리로 외쳤어요.**

베드로 여러분! 우리는 술에 취한 것이 아니에요. 하나님이 우리에게 예수님을 보내셨는데 우리가 그분을 십자가에 죽게 했어요. 하지만 예수님은 죽음에서 다시 살아나셨고, 우리의 구원자가 되셨어요. 그리고 우리에게 성령님을 보내셨어요. 지금 여러분이 들은 것은 성령님이 하신 일이에요.

사람3 그렇군요. 그럼 우리가 어떻게 해야 하나요?

베드로 죄를 회개하고 예수님의 이름으로 세례를 받으세요. 그러면 죄를 용서받고 성령님을 만나게 됩니다.

해설자 **그러자 사람들이 회개하며 세례를 받았고, 그날 예수님을 믿은 사람이 3,000명이나 되었어요. 사람들은 말씀을 배우고 열심히 기도했어요.**
그리고 물건을 같이 사용하며 가난한 사람에게 돈을 나누어 주었어요. 날마다 구원받은 사람들이 많아졌어요.
어느 날 오후, 베드로와 요한이 성전으로 가고 있었어요. 성전 미문 앞에는 태어날 때부터 걷지 못하는 사람이 앉아 있었어요. 베드로와 요한이 지나가자 그 사람이 구걸했어요.

걷지 못하는 사람 돈 한 푼만 주세요. 먹을 것이 없어서 배가 고파요.

베드로 우리를 쳐다보세요.

해설자 **그 사람은 무엇을 줄 것인지 기대하며 제자들을 쳐다보았어요.**

베드로 은과 금은 없지만 나에게 있는 것을 당신에게 줄 거예요. 예수 그리스도의 이름으로 일어나 걸으세요!

해설자 **베드로가 그 사람의 오른손을 잡고 일으키니, 다리와 발목에 힘이 생겼어요. 그리고 벌떡 일어나서 걷기 시작했어요.**

걷지 못하는 사람 어? 이게 어떻게 된 거야? 내가 일어서다니. 이럴 수가. 한 번도 걸어 본 적이 없는 내가 걸을 수 있게 되었어!

해설자 **그동안 성전 안에 들어갈 수 없었던 사람이 이제 성전 안으로 들어갈 수 있게 되었어요. 그 사람은 기쁜 마음에 껑충껑충 뛰면서 하나님을 찬양했어요. 사람들은 이 광경을 보고 크게 놀랐어요.**

베드로 여러분! 왜 이렇게 놀라세요? 이 사람이 걸을 수 있게 된 것은 제 능력이 아니에요. 십자가에서 죽었다가 살아나신 예수님의 능력으로 걷게 된 거예요. 예수님은 하나님이 보내신 거룩하고 의로우신 분이에요.

해설자 **베드로의 말을 들은 사람들은 하나님을 찬양했어요.**

• 묵상 POINT •

예수님은 약속하셨던 대로 성령님을 보내 주셨어요.

성령님은 우리가 복음의 증인으로 살도록 용기와 희망을 주세요.
예수님의 이름으로 기도할 때 놀라운 일이 일어나요.

• 적용 질문 •

베드로처럼 친구에게 예수님이 어떤 분인지 소개하게 된다면 어떻게 설명할 건가요?

• 기도 •

약속을 이루시는 예수님,
성령님을 보내 주셔서 감사합니다.
늘 보호하시고 때마다 은혜를 주시는 성령님과 동행하게 해 주세요.
성령님이 주시는 힘으로 담대하게 예수님을 전할 수 있도록 도와주세요.
예수님의 이름으로 기도드립니다. 아멘.

• 바울 •

예수님을 만난 후 복음을 전했어요

본문 사도행전 9장 1~31절, 13장 1~3절, 16장 23절, 27장 1절
등장인물 해설자, 사울(바울), 예수님, 아나니아, 사람들, 성령님

해설자 **예수님의 제자들은 여러 지역을 다니며 복음을 전하고 세례를 주었어요. 날이 갈수록 예수님을 믿는 사람들이 많아졌지만, 그들을 미워하고 괴롭히는 사람들도 있었어요. 율법 공부를 많이 한 사울도 그리스도인들을 잡으러 다녔지요.**

사울 죽은 예수가 다시 살아났다고? 거짓말! 예수가 하나님의 아들이라고? 말도 안 돼! 내가 예수 믿는 자들을 모두 잡아서 감옥에 넣을 거야!

해설자 **사울이 다메섹에 있는 그리스도인들을 잡기 위해 길을 가고 있었어요. 그런데 갑자기 하늘에서 매우 밝은 빛이 사울을 비추었어요. 사울이 깜짝 놀라 땅에 엎드리자 어떤 목소리가 들렸어요.**

예수님 사울아, 사울아. 왜 나를 괴롭히느냐?

사울 누구세요?

예수님 나는 네가 괴롭히는 예수란다. 너는 일어나서 도시로 들어가거라. 네가 해야 할 일을 누군가가 알려 줄 거란다.

해설자 **그 후로 사울은 눈앞에 아무것도 보이지 않았어요. 함께 있던 사람들이 사울의 손을 잡고 다메섹으로 데리고 갔어요.**

사울은 3일 동안 앞을 보지 못했고, 아무것도 먹지 않았어요.
한편, 다메섹에 아나니아라는 제자가 있었는데 예수님이 그를 부르셨어요.

예수님 아나니아야.

아나니아 네, 예수님. 말씀하세요.

예수님 너는 일어나서 유다 집에 있는 사울을 찾아가라. 그가 지금 기도하고 있으니, 네가 손을 얹어서 그의 눈이 보이도록 하여라.

아나니아 예수님, 사울은 예루살렘에서 많은 그리스도인을 괴롭혔어요. 이곳에도 예수님을 믿는 사람을 잡아가려고 왔어요.

예수님 가거라. 내가 이방인들과 여러 왕들 앞에서 내 이름을 전하기 위해 사울을 선택했단다. 그리고 사울은 내 이름을 위해 많은 어려움을 겪게 될 거야.

해설자 **아나니아는 예수님의 말씀에 순종하여 사울을 찾아갔어요. 그리고 그에게 손을 얹고 말했어요.**

아나니아 사울, 예수님이 나를 당신에게 보냈어요. 당신의 눈이 이제 보일 것이고 성령으로 충만하게 될 거예요.

해설자 **그때 사울의 눈에서 비늘 같은 것이 떨어져 나가면서 앞을 볼 수 있게 되었어요. 사울은 세례를 받고 음식을 먹으며 기운을 되찾았어요. 그리고 제자들과 함께 지내면서 사도가 되었고, 회당에서 예수님의 복음을 외치기 시작했어요.**

사울 여러분, 예수님은 하나님의 아들이에요.

해설자 **사울의 설교를 들은 사람들은 크게 놀라며 말했어요.**

사람들 저 사람은 그리스도인들을 닥치는 대로 잡아가던 사울이잖아?

로마
고린도

에베소
루스드라
안디옥

해설자 **사울은 예수님을 만나 새롭게 변화된 자신의 이야기를 사람들에게 전했어요. 그리고 바나바의 도움으로 제자들과 함께 지내게 되었어요. 예수님을 안 믿는 유대인들은 이제 사울을 잡으러 다녔어요.**
얼마 후, 성령님이 안디옥교회에 말씀하셨어요.

성령님 바나바와 사울을 따로 세워서 내가 맡긴 일을 하게 하여라.

해설자 **사울은 '바울'이라는 로마식 이름을 사용하며 바나바와 함께 선교사로 파송되었어요. 바울은 그 후 여러 차례의 전도 여행을 통해 아시아와 유럽에 복음을 전하고 교회를 세웠어요.**

바울(사울) 여러분! 예수님은 우리를 구원하시기 위해 십자가에서 죽으셨어요. 그 예수님을 믿으면 우리는 구원을 받아요. 성령님 안에서 새사람이 되어야 해요!

해설자 **바울은 여러 지역을 다니며 예수님의 이름으로 놀라운 표적을 보여 주었어요. 하지만 돌에 맞거나 매를 맞아 죽을 뻔하기도 했고, 감옥에도 여러 번 갇히며 어려움을 당하기도 했어요. 하지만 바울은 예수님을 원망하지 않았어요. 감옥에서도 여러 교회에 편지를 보내며 하나님의 말씀을 전했어요. 그 편지가 바로 에베소서, 빌립보서, 골로새서, 빌레몬서예요.**
마침내 바울은 죄수의 몸이 되어 로마에 끌려갔고 그곳에서 끝까지 복음을 전하다가 죽게 되었어요. 바울은 죽는 순간까지 멋진 복음 전도자로 살았어요.

• 묵상 POINT •

누구든지 예수님을 만나면 새로운 모습으로 변화되어요.

예수님은 이방인에게 복음을 전하기 위해 바울을 선택하셨어요.
바울은 죽음을 두려워하지 않고 예수님이 맡기신 일에 충성을 다했어요.

• 적용 질문 •

나도 바울처럼 하나님 나라의 일꾼이 되고 싶은가요?

• 기도 •

한 사람의 구원을 소중히 여기시는 하나님,
복음을 전하는 일에 저도 사용해 주세요.
영혼을 사랑하는 마음과 흔들리지 않는 믿음을 주세요.
하나님의 일꾼으로 멋지고 당당하게 성장하도록 인도해 주세요.
예수님의 이름으로 기도드립니다. 아멘.

성경을 만나고 마음을 나누는

온 가족 드라마 성경

온 가족 드라마 성경

초판 1쇄 발행일 2023년 7월 28일

글 노연정
그림 박은경

발행인 김은호
편집인 주경훈
책임 편집 김나예
편집 박선규 권수민 이민경
디자인 장미림

발행처 도서출판 꿈미
등록 제2014-000035호(2014년 7월 18일)
주소 서울시 강동구 양재대로81길 39, 202호
전화 070-4352-4143, 02-6413-4896
팩스 02-470-1397
홈페이지 http://www.coommi.org
쇼핑몰 http://www.coommimall.com
메일 book@coommimall.com
인스타그램 @coommi_books

ISBN 979-11-983177-3-5(03230)